soc
Even now, after
est 23 times, my English is
ld never waste a second to plunge in
ery single day!!! **by Takehiko Kikuchi**

イングリッシュ・モンスターの最強英語術

菊池健彦 by Takehiko Kikuchi

English Monster

se days. I withdrew from the society not because I was afraid of it but because I go
ens of thousands of hours of studying, and after getting a perfect score in the TOE
from perfect. If only I got some money, I would never waste a second to plunge int
5 hours every single day!!! I was once a proud and defiant social hermit. Basically I i
e communicate with other people for more than 6 years. Although I begrudgingly re
ety about 10 years ago simply because I had run out of money, I don't have a scintil
out my recluse days. I withdrew from the society not because I was afraid of it but b

Declaration of Social Withdrawal I was once a proud and
about 10 years ago simply because I had run
English. Even now, after tens of thousands
to plunge into withdrawal all over
lthough I begrudgingly
se I got some

イングリッシュ・モンスターの最強英語術

菊池健彦

集英社

INTRODUCTION（はじめに）

この本を手に取ったアナタは英語が苦手な人か、英語を勉強しなければいけない立場にいる人だろう。

実はボクは、今では〝イングリッシュ・モンスター〟と呼ばれ、ＴＯＥＩＣテストで９９０点満点を24回取っているが、昔は、本物のダメ人間だった。

忘れ物やなくし物は数知れず、学校の先生からは〝人間のクズ〟と呼ばれ、34歳で会社を辞めてからは、引きこもりになったのだ。そして、引きこもり生活を始めると好きなだけテレビを観て、毎日ボーッとしてた。

そんな生活が一年ほど続いた頃、〝何もしないこと〟に疲れて、本屋さんに行ってふと手にした英会話の入門書を見て、ヒマつぶしに英語でも勉強してみようかな～と思ったのだ。

そう、もしかすると今のアナタのように……。

それまで本格的に英語を勉強してきたこともないダメ人間が、(無職のため)お金をかけずに会得した勉強法。それが、ボクの〝引きこもり留学〟最強勉強術。

この方法で勉強すれば、誰でもTOEICで高得点を取れる!

だって、こんなダメ人間のボクが990点満点を24回も取っているんだから、その効果は実証済み。

あとは、アナタのやる気次第だ。

ちなみにボクは海外には一度も行ったことはないけれど、ネイティブ・スピーカーとはふつうに話せるし、『ニューヨーク・タイムズ』や『ニューズウィーク』などの英語の新聞や雑誌も、日本の新聞や雑誌と同じぐらいの速さで読める。

その秘密はいったい何なのか……。

さあ、この本でLet's start to study English!

〝イングリッシュ・モンスター〟菊池健彦

目次　イングリッシュ・モンスターの最強英語術

Chapter 2

イングリッシュ・モンスターへの道　基礎編

Chapter 3 イングリッシュ・モンスターへの道　英単語編

Chapter 4 イングリッシュ・モンスターへの道　リスニング編

Chapter 6

イングリッシュ・モンスターへの道 文法編

Chapter

1

イングリッシュ・モンスターへの道

人生編

人間のクズが引きこもり留学で、

TOEIC満点！

Monster's history

English Monster

ボクは小さな頃から、忘れ物やなくし物ばかりしていた！

ボクは、小さな頃からなにかと忘れ物やなくし物が多い子だった。

小学校では、家を出る時にはちゃんとハンカチやちり紙を持っていたはずなのに、学校に着くとなくなっている。

衛生検査で身だしなみ係が「はい。では、ハンカチとちり紙を出してください」と言うのだけれど、あるべきところにそれがない。

ハンカチやちり紙なんかはまだいいほうで、なくし物で一番怒られたのは教科書だった。カバンの中に入っているはずの教科書がどこにもない。学校にもないし、家にもない。

母親から「教科書は大切なものなんだから、なくしちゃダメなんだよ」と言われて、ボクは必死になって探すのだけど、どこにあるのか皆目見当もつかない。それで仕方なく、なくなった教科書を母親と一緒に指定の本屋さんに何度も買いに行くことになる。

中学生になると、今度はなくし物が教科書から宿題に替わった。

出された宿題はその日の晩にきちんとやるのだが、翌日、先生から「宿題のプリントを提出しなさい」と言われても、そのプリントがどこにもない。必死になって探すのだけど、どこにあるのか見当もつかない。

それが10回に1回なら、まだ忘れっぽいやつで済むのだけれど、10回のうち7、8回は忘れるわけだから、「こいつ、わざとやってこないな」とボクは先生から目をつけられる。

そして、あまりにも宿題を忘れるものだから「あとで職員室に来い」と呼び出され、「お前は人間のクズだ！」と罵倒され、「ああ、そうか。ボクは人間のクズなのか」と思ったのを覚えてる。

宿題は出されたプリントをやるだけじゃなく、それを学校に持っていって先生に提出しなければ、プリントがクズになるだけでなく、人間もクズになるのだということをその時、知った。

会社に入って働いてもノルマの3分の1も達成できない！

中学を卒業する直前、父親が青森から熊本に転勤することになった。

両親はもちろんボクを連れていこうとしたのだけれど、青森はボクの生まれ育った場所で、友達もたくさんいる。なにより熊本は青森と言葉が違うし、外国のようなところだと思ったから行きたくなかった。

だから、必死になって両親を説得し、下宿して青森市内の高校に通うことにした。

高校1年の時の担任が英語の先生で、あだ名が「豚やっこ」。

ちょっと豚っぽい感じの人だったので、そんなあだ名がついたのだが、そんな風貌よりも二言目には「自分は早稲田の一文（第一文学部）で……」という自慢話をするのが嫌だった。

また「私は教師なんですよ」というのも豚やっこの得意のセリフだった。それは〝自分は教師なんだからキミたちは私を尊敬しなさい。尊敬する義務があるんですよ〟という意味で、ボクら生徒はみんなうんざりしていた。

この豚やっこのせいで教科としての英語は死ぬほど嫌いだった。もっとも、その当時は自分が将来、英語の講師、さらにはＴＯＥＩＣのスペシャリストになるとは夢にも思っていなかったのだが……。

そして、無事、高校を卒業し、なんとか大学に入ったわけだけど、大学を卒業する頃になってもどうにも就職先が見つからない。それで大学の助手から洋書屋さんを紹介してもらい、そこで働くようになる。

図書館や大学に百科事典や学術書を売り込むのがボクの仕事だったのだが、その洋書屋さんはとてもいい会社で、ノルマの３分の１も達成できないボクに毎年毎年、きちんと給料を払い続けてくれた。

ふつうなら「この仕事はキミに合っていないから、会社のためにもキミ自身のためにも辞めたらどうだ」と言われても仕方がないところなのに、ボクはそんなふうに言われないのをいいことに10年以上も居続けたのだ。

それでも34歳の時に、会社のみんなやお客さんに迷惑をかけるのが悪くなって辞表を出した。

そして、その時からボクの引きこもり生活が始まったのだ。

34歳で仕事を辞めて引きこもり生活を始める！

会社を辞めてからは、友達はいないわけではなかったけれど、特に誰と会うこともなく、毎日、ボーッとしてるだけ。

朝、7時頃に起きだして、図書館や本屋さんに行って本を読んだり、家でテレビを観たり……。とにかく昼間に『笑っていいとも！』をゆっくり観られるのが幸せだった。

こんな生活を1年間続けていたのだ。

そして、ある日、何もしないことに単純にうんざりし始めた頃、いつものように本屋さんをブラブラしていると、英会話の入門書が目に止まった。

大学時代はロシア語を専攻していたのだけれど、ロシア語は勉強しても需要がない。「英語だったら将来、何かの役に立つかもしれないなあ～」とそんな単純な動機で英会話の入門書を買ってみた。

それもすごく薄いやつ。旅行ガイドみたいなカセットブック。大人が読むようなレベルじゃない英会話の本。

「アイム、ア、ツーリスト」「ホェア～、イズ、ザ、ミュージアム？」というような文章が躍ってた。

その本を1週間、ずっと読んで、ずっとテープを聞いているうちに、「これは暇つぶしになるかな」と思って次に買ったのが、アメリカの雑誌『ニューズウィーク』。これは難しかった。何が書いてあるかわからない。

英単語を忘れては覚え、忘れては覚えの繰り返し！

でも、ボクは引きこもりだから時間はある。わからない英単語が出てきたらマーカーで線を引いて、辞書で調べて、ページの下に日本語でその意味を書く。最初はページがマーカーだらけで、真っ赤っか。知らない単語が1ページに30個も40個もあって、『ニューズウィーク』の下のスペースがなくなるほど。だから、ものすごく小さな文字で単語の意味を書き込んでいた。

それも一日かけて1ページ読むという超ノロノロ・スピード。そして、その日に書き込んだ単語の意味を覚える努力をした。

翌日は、昨日やったページをもう一度読んで、知らなかった単語をどれだけ覚えているかの確認作業。しかし、もともと忘れっぽいほうなので、これが簡単には覚えられない。何度単語を見ても意味が出てこないのだ。

それでも、覚えていない単語はページの下を見て意味を確認し、その翌日になって読んでみると、また忘れていて、また確認し、また忘れては確認し、忘れては確認し……ということを10日ほど繰り返していると、さすがに最初のページの単語はほとんど覚えるようになる。

こうして一日1ページずつ読んでいって、知らない単語にマーカーを引き、その意味をページの下のスペースに書き込んでいく作業を続けていった。

すると、初めは一日に1ページしか読めなかったのが、2ページになり、5ページになり、10ページになる。

そして1年がたち、2年が過ぎ、3年目になると単語を覚えるのが生活の一部になってくる。単語を覚えることがある種の快感になって、英文を読まずにいられない身体になるのだ。

ボクはランニングをしないからよくわからないが、皇居の周りを走っているランナーたちは「走らない日があると気持ちが悪い」ということがあるそうだ。きっと同じ感覚なのだろう。

6畳一間に引きこもり、英米に抗議した！

引きこもり留学を始めて3年もたつと『タイム』や『ニューヨーク・タイムズ』の記事がだいぶ読めるようになった。すると、イギリスやアメリカのジャーナリストたちが日本に対して抱いている悪意に満ちた紋切り型の見方が、すごく気になり始めた。

たとえば、イギリスの『エコノミスト』という雑誌には次のような内容の記事があった。

「日本の小樽のお風呂屋さんが外国人の入浴を拒否している。日本人は白人や黒人を臭いと思っている。だから日本はinsular（島国根性の）と言われるのだ」

これには腹が立った！　ことの発端はロシア人船員が石鹸の泡のついたまま浴槽に入ったり、酒を飲んで騒いだりするなど入浴マナーが悪く、一般客から苦情が相次いでいたために、お風呂屋さんは仕方なく「外国人お断り」とせざるをえなかったのだ。『エコノミスト』の記事は、おそらく意図的にこうした背景を無視していた。

そこでボクは、『エコノミスト』に反論を投稿する決意をした。反論するなら単語のスペルの間違いや文法の間違いがあったら恥ずかしい。だから、この文章にこの単語は合っているかなど徹底的に調べ上げ、何度も間違いがないか確認したのだ。

そして、ひととおり反論を書き上げ、最後に「ブリティッシュ・ユーモアが、気取っていて、ひとりよがりで、卑怯であることはうすうす感じていた。あなた方の記事は、その疑念を確信に変えた」と締めた。

さらに、当時、日本はゆとり教育などが話題になっていて、個人を大切にする教育を進めようとしていた頃だった。アメリカの『U.S.ニューズ』という雑誌にはこの動きを皮肉って次のような記事が書いてあった。

「モノマネが得意な日本人は、これまで自動車を作るのをマネし、コンピュータを作るのもマネしてきた。そして、今度はアメリカの文化の屋台骨である個人主義もマネできると思っているようだ。しかし、日本はConformist（集団主義）の国なのだ。アメリカのマネばかりしてないで、集団主義でいればいいじゃないか」と。

だから、ボクは頭にきて反論を送った。

「日本は集団主義というけれど、日本には坂本龍馬という人物がいる。彼はたったひとりで殺し合いをしていた反幕勢力をまとめ、たったひとりでその勢力と幕府を結びつけた人類史上最強の個人主義者だ」と坂本龍馬の話を延々と書いて、最後に「キミたちは、そんな坂本龍馬の夢を笑った」と締めたのだ。

こんなふうに国民全体を嘲笑するような記事が出ると、韓国やシンガポールなら大使や領事など偉い人が雑誌に反論を書いて送る。そして、それが翌週に載ったりするのだ。しかし、日本では大使も領事も、大学の英語の先生も、大企業の社長も何も書かない。日本の偉い人は何もしない。

しょうがない。誰もしないのなら引きこもりのボクが、日本を代表して反論を書いてみようと思ったのだ。

イギリスやアメリカの雑誌を読んでいると、日本は彼らからすごくヘンに見られていることがよくわかる。日本がバカにされているのは許せない。ボクは日本語で考えている時は左翼的な傾向が強いのに、英語で考えると右翼的になってしまうらしい。だから、ボクは家賃2万円の6畳一間のアパートからイギリスやアメリカに向けて、本当の日本を知ってもらうためにメッセージを発信し続けた。

そう。ボクはこの時、坂本龍馬のようにひとりで、世界を相手に戦っているつもりになっていたのだ。

『タイム』や『ニューズウィーク』から大量のハガキをもらう

それでも、これが結果的に貴重な英作文の勉強になった。そして、英語の勉強をし続けるモチベーションにもなっていた。

だって日本のために、イギリスやアメリカのメディアを相手に反論を送りつけるのだから、その使命感といったらかなりのものだ。引きこもりながら日本のために尽くしていたボクを政府は表彰してくれないだろうか。いや、表彰してもらわなくてもいいから、少しだけ報奨金をくれないだろうか。そうすれば、また引きこもって英語を勉強できるのだが。

反論を投稿すると『タイム』や『ニューズウィーク』などから、「貴重なご意見、ありがとうございました」というハガキが送られてくる。これが、けっこう溜まってくるのだが、印刷された英文の文字だけに味気ない。でも、ボクにとっては、このハガキと、スーパーのレジ係の女の子との〝無言の会話〟だけが世界とのコミュニケーションだったのだ。

ちなみに、こうした〝時事英語右翼〟的気質は今でも変わらない。

最近では『ニューヨーク・タイムズ』が、「日本人は夜中の2時に皇居の前で、明らかに車が通っていないのに信号が赤だからといって待っている。だから日本人はダメなのだ。自分で考える能力がない」という社説を載せた。こんな記事を読むとボクはブチ切れそうになる！

今の日本は、英米からこういうふうに見られているのだ。

また、英語を勉強するモチベーションは、日本叩きへの反発だけではない。たとえば尖閣諸島の問題も、ほとんどの英米の記事は、日中間の問題ではなく〝中国の大国主義化のひとつの兆候〟としてとらえている。中国は、西はインドから東は日本まで、無数の領土問題を抱えていて、最近になってその多くで急に攻撃的な姿勢を見せているらしい。こうした視点から尖閣諸島の問題を扱っている日本の新聞やテレビはボクの知る限りない。

物事を複眼的に見られるようになるのは、意外と面白い。

リーディングやライティングだけではない。7年間の〝引きこもり留学〟ではリスニングもやった。NHKで放送しているアメリカのコメディ・ドラマを録画して、それをワンシーンずつ何度も何度も聞き返す。内容がわかるまでずっと……。何度も何度も聞き返す。

この引きこもりリスニング留学の英語勉強法は後で詳しく述べるが、7年間、こうしたことをボクはやり続けていたのだ。

6時45分のスーパーで引きこもり生活に終止符を打つ

引きこもり期間中、お金はできるだけ節約した。特に食費は、一日最大500円と決め、きっちり守った。「そんなこと不可能だ！」と思う人がいるかもしれないが、ボクはやった。やってみると、これがまた、結構、楽しいんだ。

近所のスーパーでは、夕方6時45分になると生鮮食品を売り切ってしまうために、5割から7割引きするセールをやっていた。その時を狙って肉や野菜、うどんを買い込む。そして家で小さな鍋で煮込み、次の日に3回に分けて食べるのだ。7年間、ほぼ同じメニューだったが、ボクには何の不満もなかったし、かなり健康的な食生活だったのだろう、病気も一切しなかった。

また、引きこもり生活に入って3年ぐらいたった頃のことだ。ボクは、いつものようにスーパーのレジに並んでいた。

そしてボクの順番になった時、25歳ぐらいのレジ係の女性が、すべてが5〜7割引きの見切り品で、300円ぐらいしか買わないボクに「ありがとうございました。またのお越しをお待ちしております」と言いながら満面の笑みを浮かべてくれたのだ。ボクはうれしかった。声に出して「ありがとう。また来ます」と言いたかったが、その勇気がなくて、ただうなずくことしかできなかった。

ふつうなら、こんな見切り品ばかり買って売り上げに貢献しないお客に優しくするはずはない。これはいったいどういうことなんだろう。なぜ、彼女はボクだけ特別扱いしてくれたのだろう。まさか……もしや……。

だから、毎日、そのスーパーに買い物に行った。もちろん食べ物が安くなる6時45分過ぎに。そして、さりげなく、その子が立っているレジに並ぶ。するとまた、本当に真心を込めて「いらっしゃいませ」と言って見つめてくれる。「またお越しください」と優しく言ってくれる。やっぱり……間違いない……。

本当に毎日、何年も通い続けた。人はこれを〝片思い〟だと言うだろうが、引きこもりのボクにとっては、毎日、会っているのだから、片思いではない。

そんな関係が3、4年ほど続いたある日、衝撃的なことが起こった。なぜか、彼女の名前の書いてあるプレートの文字が違ってたのだ。一瞬、何が起こったのかわからなかった。プレートのつけ間違い⁉　いや違う。

名字が変わった⁉　なぜ？　……結婚？？？！！！

とにかく、ショックだった。そして、この頃、引きこもり生活を始めて7年たったが、ちょうど貯金も尽きてきた……。

そうだ、東京に行こう。東京に行って仕事を探そう。

こうして7年に及ぶ引きこもり生活に終止符が打たれたのだった。

ボクの理想のタイプは、高島彩さん

ちなみに、これはまったくの余談だが、東京に出てきてからのボクには、また新しい恋が待ち受けていた。

ボクの理想のタイプは丸顔で、表面的にはふわっとしている感じの人。そんな理想の人と東京に出てきて出会ったのだ。その人の名は、高島彩さん。2001年に入社したフジテレビのアナウンサー。

実はボクは2001年に上京して、社会復帰した。高島さんの社会人デビューも2001年だ。いわば同期。

そんな縁もあって、すごく好みのタイプだったのに、2010年の9月に『めざましテレビ』を辞めてしまい、それ以来、会う回数がめっきり減った。どうしてボクの恋はいつもうまくいかないのだろう。

引きこもり留学でいきなりTOEIC 970点を獲得！

それで仙台の引きこもりアパートから42歳で東京に出てきて職を探すのだけれど、ボクにできることは、この7年間の引きこもり留学の経験を生かした英語に関する仕事ぐらいしかなかった。

だから、まずはビジネスのEメールを訳すアルバイトでもあればいいやと思って、いろんな人に相談した。でも、みんな仕事をするためには英語の資格がないとダメだという。そこで英検を受けようとしたら、「今は英検よりもＴＯＥＩＣだよ」と言われたので、ＴＯＥＩＣを受けることにした。

すると今度は「でもね菊池さん、いくら7年間、英語を勉強してきたからって、ＴＯＥＩＣを初めて受けて８００点取れる人なんかいませんよ。９００点取れたら外資系に勤められるぐらいなんですから」とボクを気づかってアドバイスをくれる。

だからボクは、とりあえず最初はＴＯＥＩＣがどんなテストなのか内容を知るのと場慣れするためだと思って軽い気持ちで受けてみた。

そして実際に受験してみると、ショックを受けるぐらい簡単で、試験時間も30分近く余ってしまったのだ。もしかしてボクだけバカにされて、簡単な問題をやらされているんじゃないかと疑ったぐらいだ。

だから、その時の正直な感想は「ＴＯＥＩＣって、こんなもん!?」。しかも点数は970点。

ちなみにこの後、3回目のチャレンジで990点満点を取ったのだが、何を隠そう、その時までネイティブ・スピーカーと会話した経験はゼロだった。

そして、みんながこんなに簡単なテストにすごく苦労をしているのなら、自分が世の中のためになる道は、TOEICの講師しかないと思ったのだ。

けれども、実際に講師の職を探すのは難しかった。大手の英会話学校の日本人講師の採用基準は、軒並み〝TOEIC850点以上と1年以上の英語圏での生活体験〟だったからだ。

そこで仕方なく、中学生や高校生の受験指導のピンチヒッターを時給500円ぐらいでやるところから始めた。

でも、ボクは500円あれば一日暮らせるのだから大丈夫！

TOEICの点数で、出世や昇進が決まる

このTOEICとは「Test of English for International Communication」の略で、英語を母語としない人の英語でのコミュニケーション能力をはかるテストのこと。世界の約90カ国で実施されていて、日本では年間150万人以上が受験している。日本では、たとえば課長に昇進するには600点、部長になるには700点などというようにTOEICのスコアを昇進や昇格の要件にする大企業が増えている。

ちなみに、大和ハウス工業は全社員にTOEICの受験を義務づけていて、600点以上取った社員には報奨金が与えられるというのだからうらやましい。

また、これはニュースで話題になったから知ってる人も多いと思うが、楽天はTOEICで650点以上を取らないと管理職には就けないし、ユニクロを運営しているファーストリテイリングはTOEIC700点以上を全社員の目標としている。

いまやＴＯＥＩＣで高得点を取ることは、ビジネスマンにとって出世や収入アップのための条件と言ってもいいだろう。

でも、恐れることは何もない。こんなボクが言うのだから、間違いない。英語を勉強するのに幼児教育も留学体験も必要ない。年齢制限だってない。ましてや記憶力の良し悪しなど一切関係ない。いつでも、どこでも、誰でも英語の勉強はできるのだ。

忘れて覚えて、忘れて覚えての繰り返し。問題はそれを楽しめるかどうかということ。お金はなくても時間があれば、英語はできる。ボクの教える引きこもり留学で勉強すれば、ＴＯＥＩＣで８００点や９００点は誰でも取れる。

モンスター・アイテム❶

証明書

TOEIC 990点満点の証明書

これまでに取った22回分の990点満点のスコア・カード。右はアップにしたもの

monster item ● SCORE CARD

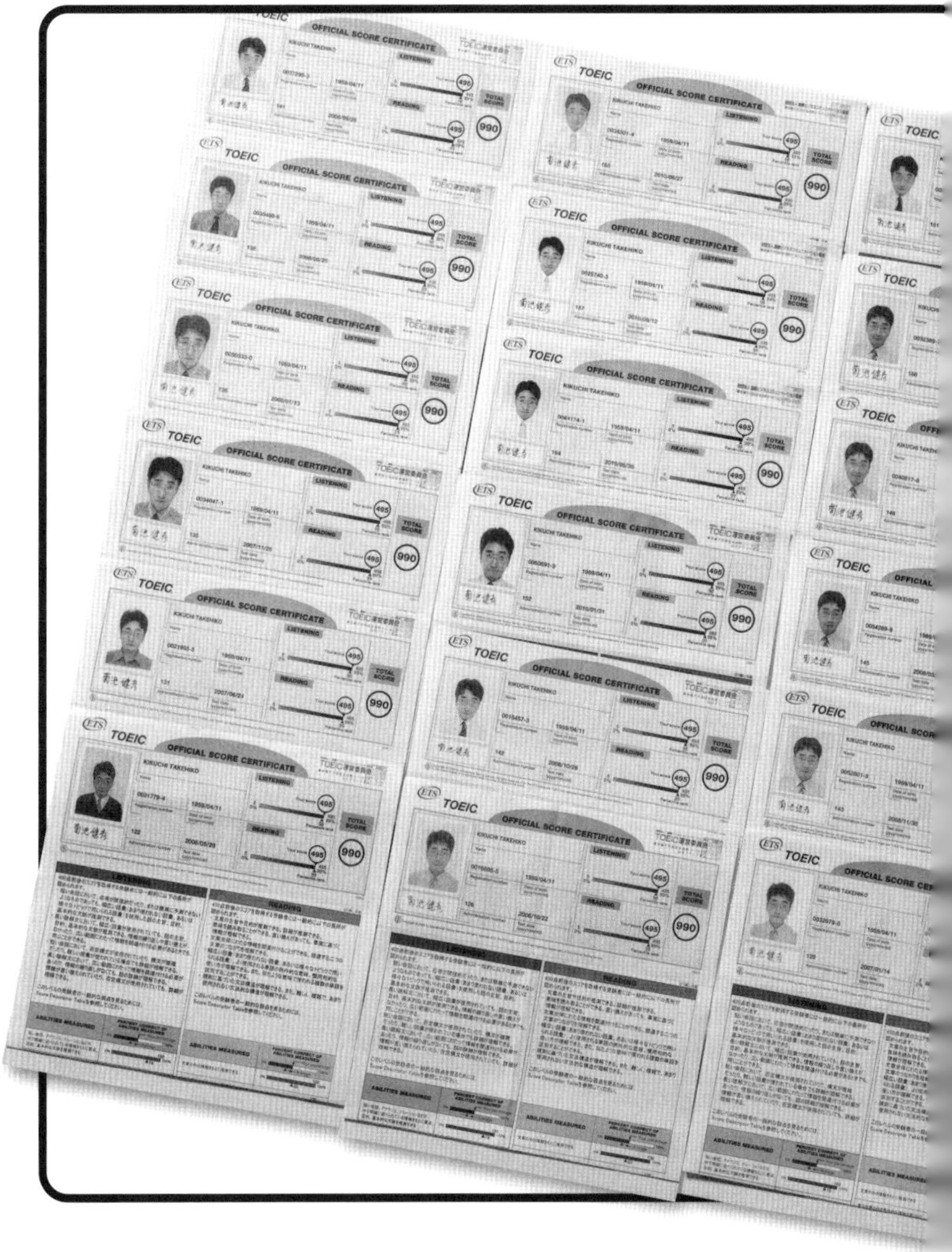

Chapter 1の復習

1

忘れ物やなくし物が多く、
もの覚えが悪い人間だってTOEICで
990満点を取ることは可能だ

2

会社に入って、ノルマが3分の1も達成できないダメ社員でも、TOEICで990点満点を取ることは可能だ

3

35歳から英語の勉強を始めても、TOEICで990点満点を取ることは可能だ

4

英文を読んで、わからない単語があったらマーカーで線を引き、その単語の意味をページの下の余白に書いていく

5

英語の勉強は単語も発音もリスニングも文法もすべて、忘れては覚え、忘れては覚えの繰り返し

Chapter

2 イングリッシュ・モンスターへの道

基礎編

日本人は英語が苦手というのはウソだ！

Monster's basic lesson

English Monster

ビジネス英語は、読めて、聞けることが第一条件！

よく、TOEICは英語の〝読み〟と〝聞き取り〟だけのテストで英会話がないから、本当の英語の実力とは関係ないと批判する人がいる。

たしかに、ネイティブ・スピーカーと会話した経験がゼロだったボクが990点満点を取れたぐらいだから、TOEICでは英会話が重要視されていないという批判は一理あるかもしれない。

しかし、いくらネイティブのようなきれいな発音で話せても、最低限の〝読み〟と〝聞き取り〟ができなければ、英語を使って仕事をすることは難しいだろう。特に一般の事務職はまず無理だ。

たとえば、どんなになめらかに日本語が話せても、漢字を読むことができず、時事問題や業務に関する少し難しい日本語を聞き取ることができない外国人は、日本でどんな仕事に就けるのだろうか。チャンスはかなり限定されるはずだ。

若い時に外国から日本にやってきた元横綱の朝青龍とタレントのアグネス・チャンを例に出して考えてみる。

朝青龍は、モンゴルからやってきて日本の高校に入学したが、2年生の時に中退して相撲部屋に入った。日本に10年以上住んでいたし、若い時にやってきたから日本語がペラペラだ。本当に日本人がしゃべっているかのようになめらかに発音する。しかし、これは推測でしかないが、朝青龍は読み書きの勉強は会話に比べて進んでいないのではないだろうか。すると漢字をあまり知らないので新聞が読めないだろうし、社会的な問題を勉強する機会がなかったのでNHKのニュースも理解できないかもしれない。そうすると日本の社会人としての深みが出ないし、もしかしたら、それがその後のいろいろな事件につながったと言えなくもない。

誤解を避けるために強調したいのだが、〝日常会話を勉強しても意味はない〟と言っているのではない。外国語を学ぶ者のはしくれとして、十代の朝青龍があの見事な日本語会話能力を得るために払った努力には敬意を表するが、それでも、やはり〝なめらかな会話〟だけが目標となるのはおかしい。

一方、アグネス・チャンは、発音はあいかわらずたどたどしいが、それでも十分会話は成立しているし、漢字もよく知っているので日本の新聞をきちんと読める。さらに、テレビの報道番組に出て、日本の政治、経済、社会の問題を話すことさえできるのだ。

仮にＴＯＥＩＣの日本語版のようなテストがあったとすれば、アグネス・チャンは１００回連続して９９０点満点を取れるだろう。

そこで、仕事をする時にどっちの能力が必要なのかを考えてみたい。

特に仕事でＥメールなど文章のやりとりが多くなってきている現在は、英語をきれいに話す能力より、速く正確な読解力のほうが相対的に重要になってきている。この傾向は、今後、強まることがあっても、弱まることはないだろう。

楽天や、ユニクロの親会社のファーストリテイリングが、社内の公用語を英語にするということがニュースになったが、そこで求められているのは〝読み〟と〝聞き取り〟のテストであるTOEICで、700点以上の英語力だったりするのだ。

海外渡航経験がなくても相手に通じる引きこもり留学

これまで日本人は、ネイティブのようにいわゆるペラペラになることを重要視しすぎた。でも、外国に留学して、日常生活では不自由なく英語がしゃべれるようになったとしても、英語が読めない、書けない、難しい話が聞き取れないのでは、仕事上で自分のキャリアに生かすことは難しい。英語が少ししゃべれて、ただ単に海外で生活した経験があるというだけになる。

それに比べて、ボクの引きこもり留学は、ネイティブのようになめらかに話せるようにはならないかもしれないけれど、リーディングやリスニングはバイリンガルに近い能力を身につけることができる。

たとえばボクは、〝おいしい肉じゃがの作り方〟をなめらかな発音で人に説明することはできないかもしれない。それでもアメリカ大使館にEメールを送って「米軍基地の問題で、海兵隊が沖縄に駐屯していれば抑止できるが、グアムではできない攻撃というのは、どの国のどんな攻撃かを具体的に教えてほしい」と質問したり、オーストラリア大使館に行って「オーストラリア人が反捕鯨なのは、クジラのすべての種類が絶滅に瀕してると思っているからですか？　それとも、クジラは知的で、人間と同じように痛みを感じる動物だから、それを殺すこと自体が罪だと思っているからですか？」と聞くことはできる。

もし、ビジネスで英語を使おうと思った時、本当に必要な能力はどちらだろうか。

「日本人は英語が苦手」というのはウソだ！

よく「日本人は英語が苦手だ」といわれるけれど、多くの場合、その根拠になっているのがＴＯＥＦＬというテストの平均点だ。

でも、このＴＯＥＦＬは留学生向けのテストで、アメリカの大学の授業についていけるかどうかをはかるもの。法律や物理などの授業やゼミを理解するための語学力を測定するテストで、中国人に比べて平均点が悪いから日本人は英語が苦手だというけれど、これを比較してもしょうがない。

中国でＴＯＥＦＬを受けている人は、一流大学に通っているような一部の優秀な人たちなのだ。彼らの平均点と、留学志望の若者たちが大挙して受験する日本人の平均点を比べることにまったく意味はない。

また、ＴＯＥＩＣの平均点がフィリピンに比べて低いから、日本人は英語ができないというけれども、これについても同じだ。そもそもフィリピンでＴＯＥＩＣを受ける人というのは、日本でいえば東大や京大の学生たちのような人。その国のトップクラスの学力のある人たちと比べても仕方がないのだ。

英語テストの国際比較で唯一、深刻に考える必要があるのは、お隣、韓国のエリートたちと日本のエリートたちのＴＯＥＩＣの平均点の差だ。とにかく無意味なコンプレックスに悩んでいるヒマがあったら、知らない単語のひとつでも覚えよう。

特殊なことはできないが、特殊な人から教わることはできる

ボクは7年間、ほとんど人と接することなく6畳間のアパートに引きこもって英語の勉強をしてきた。それは一日に8時間の時もあれば、16時間の時もあった。自分で言うのも何だが、これはとても特殊な状況だ。

受験生を除いて、ふつうに社会で生活している人は、一日に8時間以上も英語の勉強をするヒマはないだろう。

たしかにボクが勉強していた環境は特殊だ。でも、ボクはボクと同じように一日に8時間以上勉強しろと言っているわけではない。

たとえばお釈迦様は何カ月も同じような姿勢のままでいて悟りを開いたといわれ

ているが、これをマネすることはふつうの人にはできないはずだ。でも、お釈迦様が修行をしてわかったことを教わることはできる。

ボクの引きこもり留学も同じだ。なにも自宅に引きこもって一日に8時間以上英語の勉強をしろというのではない。ボクは、自分のやってきたことをこの本でみんなに伝えるだけなのだ。

それで、ビジネスに英語を役立てたいと思う人やTOEICで高得点を取りたいと思う人は、一日1時間でもいい、毎日でなくてもいいから、ボクの英語勉強法を試してみてほしいだけなのだ。Believe me!

モンスター・アイテム 2

ハガキ

海外の雑誌社から送られてきたハガキ

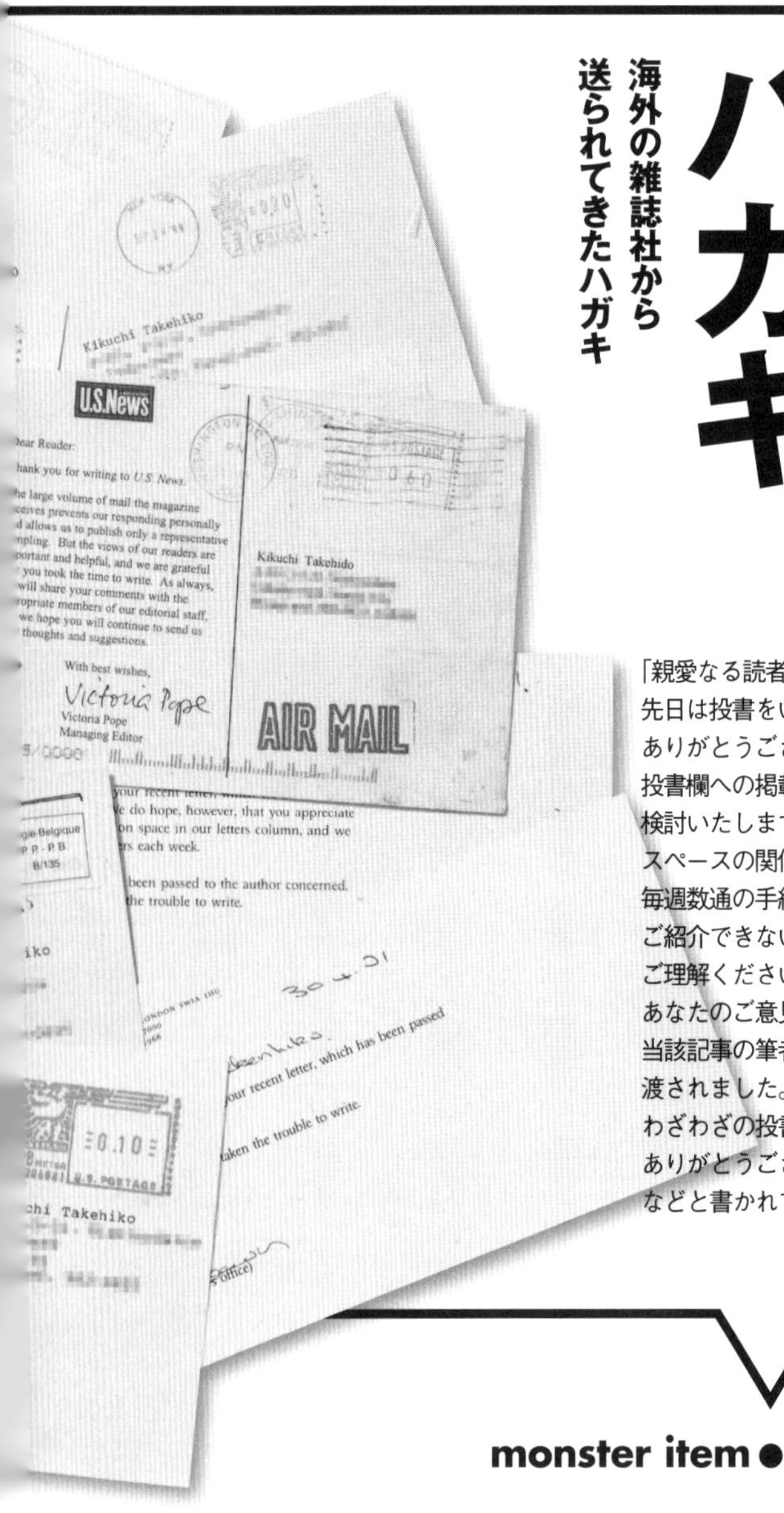

「親愛なる読者へ
先日は投書をいただき
ありがとうございます。
投書欄への掲載を
検討いたしますが、
スペースの関係上、
毎週数通の手紙しか
ご紹介できない旨、
ご理解ください。
あなたのご意見は
当該記事の筆者に
渡されました。
わざわざの投書、
ありがとうございました」
などと書かれている

monster item ● POST CARD

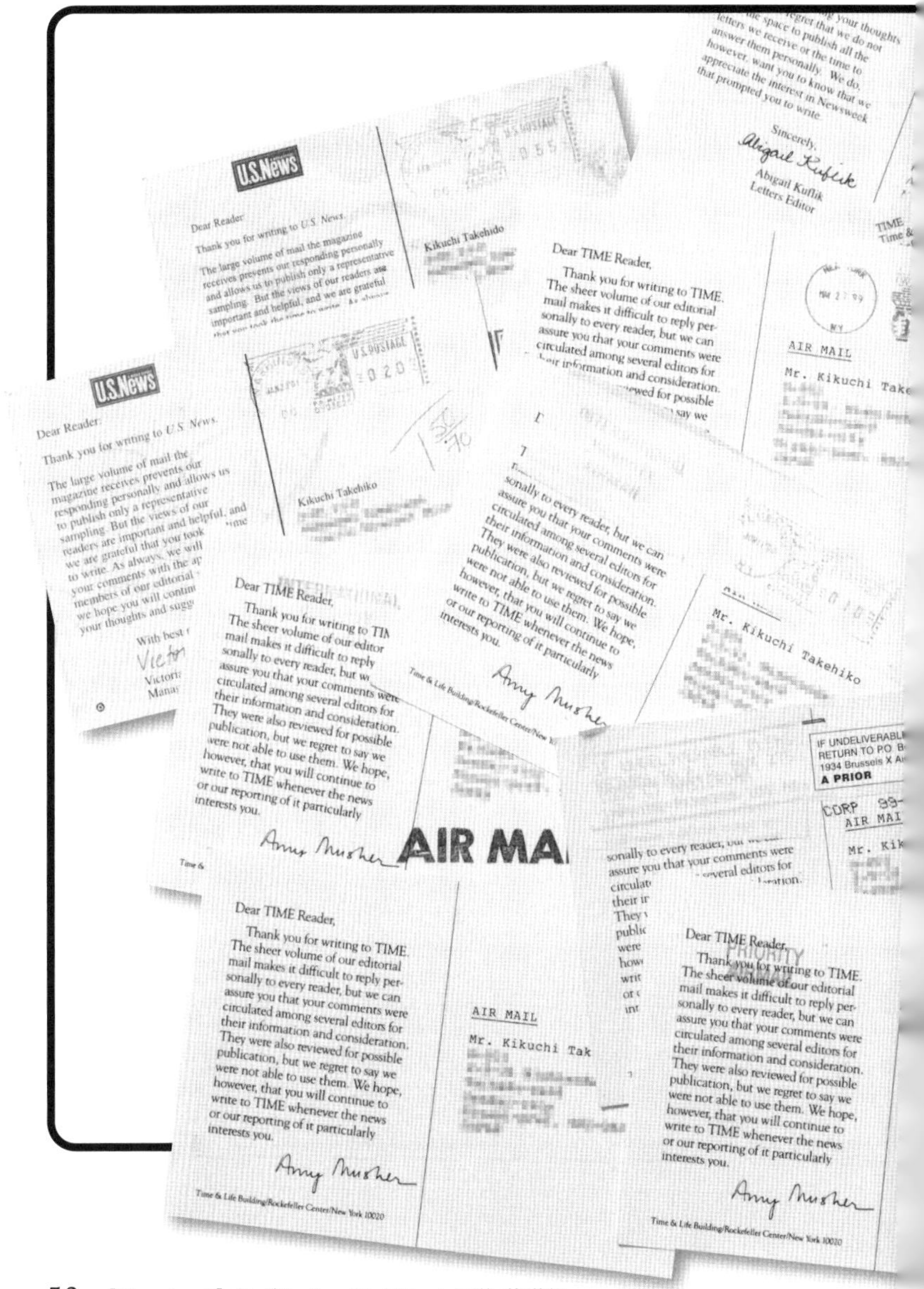
U.S.News
Dear Reader:
Thank you for writing to U.S. News.
Dear TIME Reader,
Thank you for writing to TIME. The sheer volume of our editorial mail makes it difficult to reply personally to every reader, but we can assure you that your comments were circulated among several editors for their information and consideration. They were also reviewed for possible publication, but we regret to say we were not able to use them. We hope, however, that you will continue to write to TIME whenever the news or our reporting of it particularly interests you.
Amy Musher
Time & Life Building/Rockefeller Center/New York 10020
Sincerely,
Abigail Kuflik
Letters Editor
AIR MAIL
Mr. Kikuchi Takehiko
Kikuchi Takehiko
U.S. POSTAGE
IF UNDELIVERABLE RETURN TO P.O. B
1934 Brussels X Ai
A PRIOR
PRIORITY

Chapter 2の復習

1

たしかにT○EICは
英語の読みと聞き取りだけのテストだが、
それができればビジネスで英語は使える

2

日本人は英語が苦手だと思っているのは間違いだ。

他の国は、日本の東大生や京大生にあたる学力の高い人たちがテストを受けているから高得点を出すのだ

Chapter

3

イングリッシュ・モンスターへの道

英単語編

英単語を覚えて、読むべし、読むべし、

読むべし！

Monster's vocabulary lesson

English Monster

英単語を一日に10個ずつ覚える、そんなことは無理だ！

引きこもり留学の基本は、とにかく英単語をひとつでも多く覚えること。

ボクが国会議事堂の近くで英語講師をしていた時、「知らない英単語があったら、辞書を引いて意味を確認してください」と言ったら、生徒だったエリートサラリーマンたちはこんなことを言っていた。

「自分は速読力をつけるために、一度、目を通したセンテンスは二度読まないようにしているんだ。それに、知らない単語の意味を辞書を引いて調べているヒマがあったら、だいたいでいいから文章の意味を把握して、次のセンテンスに進んだほうがいい」

そんな時、ボクは、お客さんである生徒の機嫌を損ねないように、口では「ああ、そういう方法もありますよね」と言いながら、心の中では「それは、ただ面倒くさいから単語の意味を調べないし、覚えないだけだろう。それじゃあ本当のリーディング力は絶対に身につかないよ」と思ってた。

英語とその他のヨーロッパの国の言語を比べると、その他の国の言語は名詞や動詞の複雑な変化を堅持してきたのに、英語は複雑な変化を捨て、単語の数を増やして発展してきた。だから英語は、その他のヨーロッパの国の言語に比べて単語の数が多いのだと思う。

極端なことを言ってしまえば、英語は単語が集まったモンスターなのだ。そのモンスターを退治する道はひとつだけ。ひとつひとつの単語を覚えるしかない。

ボクは引きこもり留学中にたくさんの英単語を覚えてきた。今では『ニューズウィーク』や『タイム』に載ってる単語はほぼ全部わかる。でもそれは、単にものすごく時間があったからできたこと。前にも言ったとおり、ボクは忘れ物やなくし物が人より多く、覚えることが大の苦手だ。

よく、一日に英単語を10個覚える、すると一年で約3500個になって、3年やれば1万語を超える……なんていうが、そんな覚え方は絶対にできない。

だいたい、これは覚えた10個の単語を忘れないという前提で計算しているじゃないか。それはおかしい。そんなこと天才じゃない限り、できるわけがない。特にボクなんかには絶対無理だ。

忘れては覚え、忘れては覚えを繰り返す！

じゃあ、どうやって単語を覚えてきたかというと、一日に10個の英単語を完璧に覚えようとするわけではなく、不完全でもいいから一日100個の単語を覚えようと努力してきた。そして不完全なわけだから100個の中の99個は忘れてもいい。そういう気持ちを持つことが大切だ（というよりも、ボクはもともと忘れ物が多い人間なので、覚えられなかった）。

ただ、その覚えられなかった99個の単語とその意味を、雑誌の下のスペースに書いておいたり、単語帳に書いておいたり、パソコンに打ち込んでおいたりして、また覚える努力をする。そして99個の単語のうち、また翌日に98個は忘れてもいいとあきらめる。この繰り返し。

でも、意外なことに、こうしていると単語を忘れる数が少なくなって、時には10個のうち10個覚えていたりする。不思議なことがあるものだ。

もちろん、「今度こそ完璧に覚えた！　もう二度と忘れないぞ！」と思っていた単語でもやはり忘れる。そんな時、がっかりするのはいいが、絶対にあきらめてはいけない。あきらめなければ、生きている限り、また復習できるのだ。

もう、この繰り返し。覚えては忘れ、覚えては忘れ、忘れては思い出して、また忘れ、たまに忘れなかったり、また忘れたり……。

でも、それ以外に単語を覚えるいい方法は、多分ない。少なくともボクは知らない。

コツコツやればTOEICで900点なんて誰でも取れる！

これはボクが日頃から感じていることだが、ここ20年ほどの日本の英語業界はどうすればラクに、効率的に英語の勉強ができるかばかりを追求している。英語を学ぶのにラクで効率的な方法はない。

今、韓国はものすごく国民全体、特にエリート層の英語力が伸びていて、サムスンの入社試験はＴＯＥＩＣで９００点以上が必要だとかいう話を聞いて日本人はビックリしているけれど、それは韓国が国を挙げて英語教育に取り組んできた成果なのだ。

韓国人がコツコツと単語を覚え文法を学び、ネイティブ・スピーカーの発音に耳を慣らして、英語の勉強をしている間に、日本人は〝コツコツやらなくても英語ができる〟とか〝ある日、突然、ビックリするぐらい英語が話せる勉強法〟ばかりを探し続けていた。

その結果、ボクが日頃、東京近郊のエンジニア系の会社でＴＯＥＩＣ講師として教えていると、痛切に感じることがある。それは半導体の設計や携帯電話のデザインなど、物作り立国・日本の中核を担うべきエリートたちに蔓延するサムスン恐怖症だ。自分たちがＴＯＥＩＣで５００点、６００点で悩んでいる時に、最大の競争相手は全員９００点などと聞かされて戦意喪失してしまうのだ。あきらめる必要なんかまったくないのに。


本屋さんに行っても、〝効率的に〟〝努力なしで〟英語を勉強する本ばかりが目立つ。ちょっとヒドイと思う。そんな魔法のような勉強法があるわけない。おかしいと思わないのだろうか。

ありきたりなたとえで申し訳ないが、ダイエットするのに一日に一気に体重を何kgも落とすことができるだろうか。そりゃあ、ボクサーのように食事を抜いて、ロードワークをして、サウナに入って汗を流せば何kgかは落ちるかもしれない。また、手術をして脂肪を取るという手もあるだろう。でも、それは特殊な例で、ふつうは毎日コツコツと10gずつ減らしていって、一年で3kgのダイエットをするものだ。

また、富士山に登る時、五合目までは車で行けても、登山口からは右、左、右、左……と一歩ずつコツコツと足を踏み出し、歩いていかなければ頂上にはたどり着けない。これは当たり前のことだろう。

でも逆に、コツコツ単語を覚えて、いい問題集できちんと勉強さえしていれば、誰でもTOEICで900点を取れるんだ。

野球でも何でもいい。自分の好きなジャンルの本を読め！

次にTOEICのリーディングの点数を上げるだけではなく、もう少し一般的なリーディング力をつけたい人におすすめの方法を紹介する。

ボクは引きこもり留学中に好きなジャンルの本や雑誌を読んで単語を覚えた。ボクは野球が大好きで、僕が引きこもり留学を始めた95年は野茂英雄がドジャースに入団した年と同じだったので、野茂が出ているアメリカの本や雑誌を片っ端から買いまくった。そして、野茂が現地でどう評価されているのかを知りたくて、一生懸命に単語を調べた。

わからない単語があったらマーカーを引いて、その意味をページの下の空いているスペースに書き込む。野球の話だから同じ単語が何度も出てくる。

それを覚えては忘れ、また覚えては忘れ、そうしながら野茂について書かれている記事を読んでいく。自分の好きな選手の記事を読んでいるのだから、勉強しているという気持ちはまったくない。読むことで単語を知るということが楽しくてしょうがなかったのだ。

もちろん、ほかのスポーツでもいいし、映画、音楽、文学、自然、旅行などなんでもいい。自分の興味のあるものについて、英文を読んでほしい。洋書屋さんに行ってもいいし、Google USAやYahoo! USAで探してもいい。何か見つかるはずだ。

日本人や日本のことが書かれている記事は楽しく読める！

まあ、そうは言っても何から始めたらいいかわからない人も多いだろうから、ボクがよく人に勧めているジャンルがある。それは日本関係のことが書かれている英語の記事。

たとえば、5年ほど前、アメリカの『ニューズウィーク』にアニメ映画監督の宮崎駿のインタビュー記事が載っていた。この『ニューズウィーク』というのは、アメリカでもエリートが読む雑誌で、使っている単語も難しく、かなり高等な教育を受けていないとスラスラとは読めない。

そんなアメリカのインテリ雑誌に日本の映画監督、それもアニメの監督のインタビュー記事が2ページにわたって掲載されていたのだ。

ちなみにアニメといえばアメリカでは子ども向けのもので、けっして大人が真剣に観るものではないと思われている。日本でいえば日本経済新聞がアジアやアフリカの小国からやってきたラップ・ミュージシャンのインタビューを大々的に取り上げているようなものだろう。

そのインタビューの記事で、宮崎氏は「アメリカの子どもたちにもあなたの作品を観てほしいと思いますか?」と聞かれ、「いや、ボクは日本の子どもたちのことしか考えていない」みたいなことを言っていた。

さらに「ボクは数年前にキミの国からアカデミー賞というたいそうなものをもらったんだけど、キミの国がやらなくていいイラク戦争を始めたから、腹が立ってその賞を突き返してやろうかと思ったんだよ」という話もしていた。

つまりこのアニメ映画監督は、文字通り〝千載一遇〟のチャンスを棒に振ってまで、アメリカにケンカを売ったのだ。ボクは宮崎監督に本物の『紅の豚』を見たような気がした。「ファシストになるより豚のほうがマシさ」「俺は俺の稼ぎでしか飛ばねえよ」というあのセリフだ。

日本や日本人に関する英文は、山ほど読んできたが、これほどカッコイイと思ったことはない。

こういう話は、英語で読むのは少し難しいが、よく知っている日本人や日本のことが書かれているので、英語の勉強をしていることを忘れられる。単語を調べるのも苦にならないだろう。

とにかく単語を覚えて、一行でもいいから先に進むこと！

また、『エコノミスト』という雑誌も、日本関連の記事をよく取り上げる。これはイギリスを代表するメディアなんだけれども、尖閣諸島の問題や日本と中国の関係をどう見ているかなども書かれていて、腹が立つことも多いが、わりと面白い雑誌だ。ただし、TOEICの勉強をするためにはボキャブラリーが高度すぎるという難点がある。

ＴＯＥＩＣで問われる範囲のボキャブラリーが、よく使われているのは『日経ウィークリー』。これは日本経済新聞社が出している英字新聞でビジネスのことが中心だが、あまり難しい表現が使われていない。これを隅から隅まで全部読めとは言わないが、まずは興味のある記事をひとつでいいから読んでみる。

そして、わからない単語があったらマーカーを引いて、意味を調べて、空いているスペースにその意味を書く。

そして、翌日、もう一度、その記事を読んでみる。すると昨日は10個わからなかった単語が9個になっているかもしれないし、8個になっているかもしれない。まあ、そのまま10個わからないということもありえるが……。

そうして文章を読みながら、もし、時間があったら、もうひとつ、興味がありそうな記事を探してみる。

一行でも、二行でもいいから少しだけ先に進む。そして、わからない単語があったら、マーカーを引いて、意味を調べて、空いているスペースにその意味を書く。その翌日も、その繰り返し。その翌日も、その繰り返し。

さいわい『日経ウィークリー』は週に一度の発行だ。約５００円とちょっと高いが、一日あたりに換算すれば70円程度。スポーツ新聞よりも、全然安い。繰り返すが、一週間で読める記事がひとつだったとしても、あるいは一段落だったとしても、何の問題もない。そこからスタートして一定の時間内に読める量を増やしていけばいいのだ。

よく、「留学経験もなくて、ＴＯＥＩＣで９９０点満点を取れるなんてすごいですね」と言われるのだが、基本はどれだけ単語を覚えるか。

単語を覚えるのならニューヨークにいても、東京にいても同じこと。わざわざ高いお金を払って外国に留学する必要はない。

興味のある記事や本を英語で読んでみるというのが、英語上達のまず第一歩なのだから。

単語を覚えるのは埋め立て工事みたいなもの！

また、単語を少しずつ覚えてくると、単語自体の面白さにも気づくようになる。

最近、よく見たり聞いたりする単語に「スペック（spec）」というのがあるが、あれはラテン語の〝見る〟という言葉からきている。

ちゃんと目に見えるようにハッキリさせるのが、「スペシファイ（specify）」で、その名詞形が「スペシフィケーション（specification）」。商品の性能や寸法が具体的に述べられたもの、つまり、仕様書は、さらに複数形の「specifications」となる。

そして、〝中に入る〟という「イン（in）」をつけると「インスペクト（inspect）」になって、中に入って見るわけで〝検査する〟という意味になるし、〝繰り返す〟という「リ（re）」をつけると「リスペクト（respect）」になって、何度も見るほど好きで憧れる〝尊敬する〟という意味になる。

こうした変化や語源を面白いと思える段階になると、単語を覚えることが最初よりはだいぶ楽しめるようになる。

だいたい、みんな子どもの頃は「この花は何ていう名前なんだろう」「この虫は何ていう名前なんだろう」「この車は何ていう名前なんだろう」「この服のブランドは何ていう名前なんだろう」と好きなものや興味があるものは、どんどんその名前を覚えていったはずだ。

そこには勉強をしているという意識はなかっただろう。ボクは、人間にはものを覚えるという本能があると思う。日本語でできているんだから、英語になったからってできないはずはない。

ただ、単語を覚えるというのは埋め立て工事みたいなもので、スコップで少しずつ土を海の中に投げ入れているのだけれど、その土が海面に見えるまでは何の変化もないと思ってしまうのだ。

確実に海底（頭の中）に土（単語）は溜まっているのだけれど、その成果が見えないから10人中8、9人は途中であきらめてしまう。

そこをもう少しだけコツコツと頑張ることができれば、わからない単語が少なくなって読むスピードも速くなる。

これまではたとえば『日経ウィークリー』の囲み記事を読むのに一日かかっていたのが、半日になり、3時間になり、1時間になるのだ。

英語上達のポイントは単語をどれだけ覚えられるか！

英語上達で避けて通れないのは単語をどれだけ覚えられるかだ。ものすごく単純なこと。それができるかできないか。

そして、一日に10個単語を覚えたら、9個忘れてもいいという気持ちで覚えていく。覚えては忘れ、覚えては忘れ、覚えては忘れ、それでいい。

ただ、それを毎日コツコツできるかどうか。

毎日、単語、文法、リスニングをコツコツやっていれば、TOEICで900点取ることは誰でもできる。

自宅の鍵に携帯電話、そして財布に電子辞書……大事なものはヒモでまいて身体につけていないとなくしてしまう、そんなボクが言うんだから、間違いない。

ボクはこの引きこもり留学の最後の頃、『ニューズウィーク』や『ニューヨーク・タイムズ』を読むほうが、日本語で『週刊文春』や『週刊朝日』を読むより楽だったし、速かった。

社会復帰した後、勉強できる時間がだいぶ減ってさびついてしまったので、なんとか復活させようと、今、焦っている。

モンスター・アイテム 3

辞書

モンスター菊池が
以前使っていた
手垢のついた
英語辞書

monster item ● DICTIONARY

モンスター・アイテム 4

電子辞書

モンスター菊池が現在使っている
落としても
壊れないように
手作りの
保護クッションを
つけた電子辞書
（なくさないようにヒモがついている）

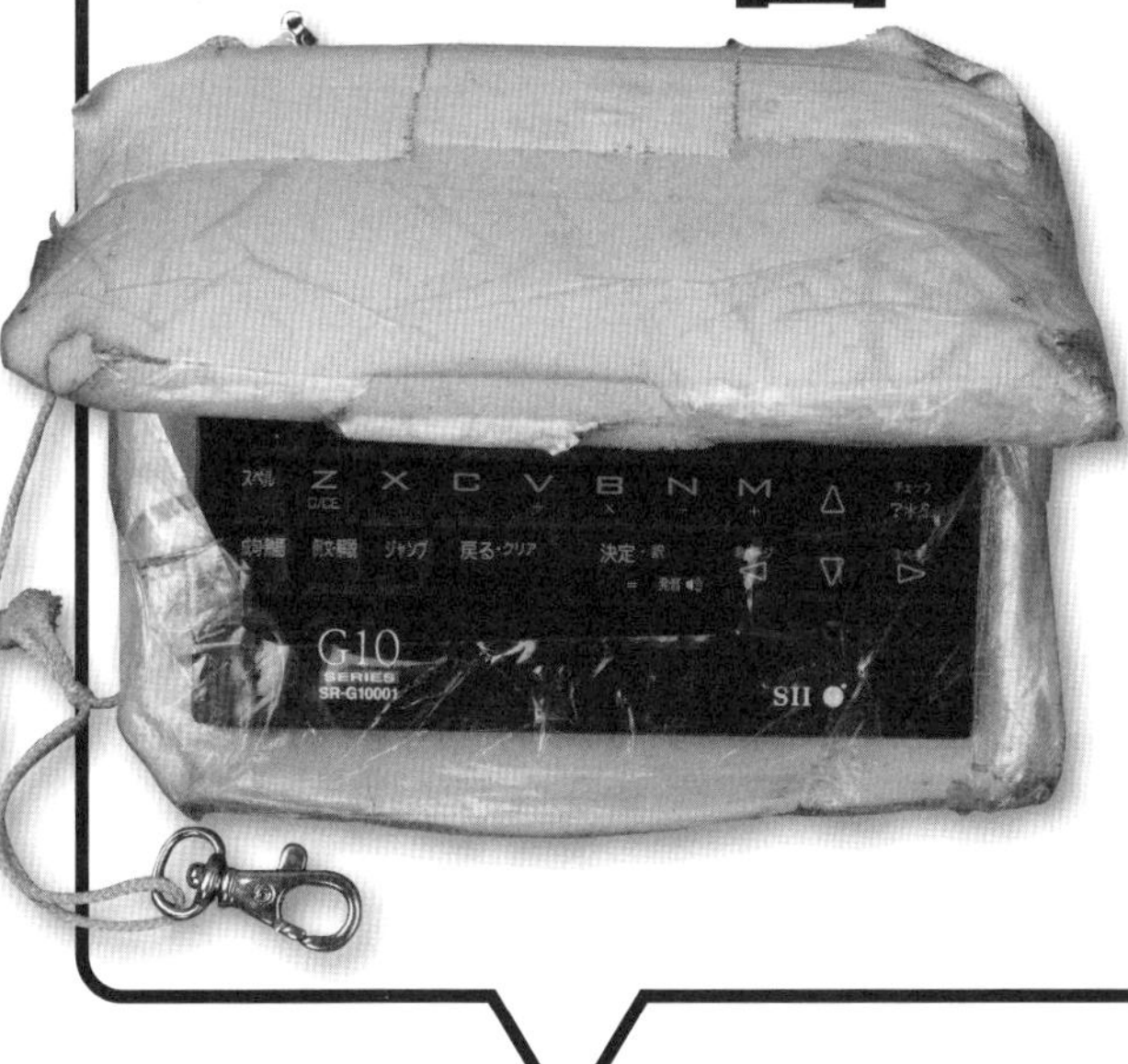

monster item ● ELECTRONIC DICTIONARY

Chapter 3の復習

1

英語は単語が集まったモンスターだと思え

2 単語を一日に100個覚える努力はするけど、翌日99個忘れてもいいと思え

3 英語の勉強はダイエットと同じ。一気に3kgも落とすことはできない。一日10gずつ落とせば一年で3kg落ちるように、コツコツと努力することが必要だ

4 自分の好きなジャンルの英文を読むようにする

5 日本人や日本のことが書かれている英文の記事は、英語を勉強しているのを忘れる

6 単語を覚えるのは、埋め立て工事のようなもの。目に見える成果はすぐには出てこない

Chapter

4

イングリッシュ・モンスターへの道

リスニング編

聞こえる英語は、一単語につき

母音一個と思え！

Monster's listening lesson

English Monster

テレビのコメディ・ドラマで聞き取りの練習をする!

単語を覚えて、本や雑誌を読んでいると、今度は英語の聞き取りもやってみたくなる。

そこでボクは、NHK教育テレビで放送していたsitcom (situation comedyの略で、登場人物や場面が固定されていて、一話完結のシリーズ・ドラマ。代表的なsitcomに民放の『奥さまは魔女』がある)の『フルハウス』を二カ国語で録画して、英語で聞くことから始めた。

20分ぐらいの番組で、子どもが観るような番組なのだから、そんなに難しくはないだろうと思っていたのだが、いざ、テレビを観て、二カ国語放送の英語のほうで聞いていると、本当に何を言っているのかわからない。

女の子が「ラ、ドー」と言っているんだけど、それが一体、英語なのかすらもわからない。正直、まいった。

それで、英語から今度は日本語のほうに切り替えてみると、なぜか「ドアにちゃんと鍵かけて」と言っている。

「ラ、ドー」が「ドアにちゃんと鍵かけて」。

最初は、なんで鍵をかけるという英語なのに「ロック」と言わないんだろうと不思議でしょうがなかったし、〝鍵をかけなさい〟っていう簡単な英語を聞き取れない自分が情けなかった。

ボクの頭の中には、ガチガチのカタカナ英語が入っていたのだ。でも、これが現実なのだ。しょうがない。

ワンシーンごとに止めて、巻き戻しては再生を繰り返す！

それからは、ひと言ごとにビデオを止めて、英語を聞いて、何を言っているか考えて、それが合っているかどうかの確認作業。

もう、ひと言ひと言、ワンシーンごとに巻き戻しては再生し、巻き戻しては再生し、止めては進めて、止めては進めての繰り返し。

英語、日本語、日本語、英語……。それで英語の意味が当たることも時にはあったし、まったく見当はずれのことも多々あった。

さらに強調したいのは、一度、正確に聞き取っただけではダメだということだ。「ラ、ドー」が、ちゃんと「ロック、ザ、ドアー（Lock the door）」と聞こえるようになってからも、何度も何度も聞き直す。

「ラ、ドー」を一回聞いただけで、次からちゃんと「ロック、ザ、ドアー」と聞き取れるなら、その人はきっと語学の天才だ。

ふつうの人は、一回聞いただけでは、次に同じような表現を少し時間がたってからもう一度、聞いたとしてもなかなか聞き取れないはず。これは単語を覚える時と同じだ。

特にボクは忘れっぽいほうだったから、「ラ、ドー」を20回も30回も聞き直しながら、一生懸命に覚えた。でも、これがネイティブの発音なんだ。「ロック」が「ラ」になり「ドア」が「ドー」になる。

それを毎日、単語や読みと一緒にやっていた。

本当に聞こえるのは、単語一個につき母音一個だけ！

その時にわかったのは、最初、聞こえるのは、単語ひとつにつき母音ひとつだけということ（母音とははっきりと声を伴っている音。日本語では「あいうえお」の5種類。ちなみに英語では、大雑把に数えても15以上ある。これについては後ほど、詳しく述べる）。聞こえない音を無理に聞く努力をしないこと。

たとえば「ファゲット（forget）」。この「ファ」なんて、ほとんど聞こえない。「ファゲット」は、「ゲッ」なんだ。「ファ」と「ゲット」のふたつの音を期待していると、まったく聞こえない。

「ゲッ」の前に下くちびるを軽くかんでかすかな声で「ファ」と言うだけなのだ。

それで今度は、「ファ」は聞こえないんだと思って聞いていると、少し「ファ」が聞こえてくるようになる。そうして、繰り返し聞いていると慣れてくる。

同じことが「ジャパン」でも言える。「ジャパン」は「パン」だけ。「ジャ」と「パン」のふたつの音を期待していると、まったく聞こえない。

それで今度は、「ジャ」は聞こえないんだと思って聞いていると、少し「ジャ」が聞こえてくるようになる。

また「マクドナルド」は「ダ」だけ聞こえればいいと開き直ること。小さな「マッ」があるかないか聞こえて、あとは「ダ」の音。だから、「(マッ)ダ」となる。

「マクドナルドやケンタッキー・フライド・チキンのようなファストフードレストラン」は、「ファ、フー、レ、ライ、ダ、タッ、ライ、チ(fast food restaurants like McDonald's and Kentucky Fried Chicken)」。

でも、不思議なことに、これを20回も30回も繰り返して聞いていると、さすがに「ファストフードレストランツ、ライク、マクドナルズ、アンド、ケンタッキーフライドチキン」って聞こえてくるようになる。

テレビのコメディ・ドラマは、日常的な表現を知るのに役立つ！

そんなふうに毎日、止めたり再生したり、止めたり再生したりしてビデオデッキを使っていたら、毎年一台ずつ壊れていった。まあ、中古で買った安物のビデオデッキだったから、それもしょうがないか。

こうした聞き取りは、『ニューヨーク・タイムズ』や『ニューズウィーク』ばかり読んでいては身につかない日常的な表現を知るのにもすごく役立つ。

たとえば「行かなくちゃ」というのは、『ニューヨーク・タイムズ』や『ニューズウィーク』では「アイ・マスト・ゴー（I must go）」となるんだけど、ドラマではよく「アィ、ガラゴー（I got to go）」と言う。

こうしたことは、海外に留学でもすればもっと簡単に学べるかもしれないけど、国内でも、まったくできないわけではない。

ビデオデッキさえあれば、引きこもり留学でも十分学べる。いや、今はＤＶＤデッキさえ持ってれば、十分学べる。

単語と読みと聞き取り、これが引きこもり留学の3本柱！

〝単語〟と〝読み〟と〝聞き取り〟。〝ボキャブラリー〟と〝リーディング〟と〝リスニング〟。これが引きこもり留学の３本柱。

引きこもり当初は、朝起きて１〜２時間ほど単語の勉強。昨日やって知らなかった単語を覚える努力をする。次に『ニューズウィーク』を読み始める。知らない単語が出てきたらマーカーを引いて、ページの下の空いてるスペースに意味を書く。

あの頃は、1ページ読むのに丸一日かかってた。そして、夕方から聞き取り。これを2〜3年やった頃には、それなりに実力がついて、何か英語関係の仕事には就けるんじゃないかと漠然と思ってた。

トゥ、フォー、エ〜ト……前置詞、冠詞は聞こえなくてもいい!?

よく知られた話だが、面白いジョークがある。ある日本人が「ニューヨーク行きの切符を一枚欲しい」と駅の窓口で言った。「ア、チケット、トゥ、ニューヨーク（a ticket to N.Y.）」と。

するとネイティブには「ア、チケット（a ticket）」という発音では意味がわからない。ticketを無理やりカタカナで表記すると「テイカット」になる。「チケット」とは似ても似つかない。

でも「トゥ、ニューヨーク」はわかったから、駅員は2枚の切符を差し出した。というのも、「~行き」の前置詞「トゥ（to）」はネイティブ・スピーカーはほとんど発音しないから「to」が「two」に聞こえたんだ。

すると、2枚も切符が必要ない日本人は、「~行きの」という前置詞は「フォー（for）」も使えるはずと思い出し「ア、チケット、フォー、ニューヨーク（a ticket for N.Y.）」と言ったんだ。

すると、今度は4枚の切符が手渡された。本当はかすかに「フッ」としか聞こえないはずの「for」が、あまりにはっきり「フォー」と発音されているから「four」に聞こえてしまったのだ。

それで、どうしたもんかと頭をかきむしって「エ~ト……」と言ったら、切符を8枚渡されたって。

最後の8枚のくだりは作り話だろうが、toとtwo、forとfourの混乱は、本当にありがちだ。英語の冠詞や前置詞はほとんど聞こえないものが多いんだ。

英語はカタカナで丁寧に言えば言うほど伝わらない！

ビートルズが歌っていた『Ob-La-Di, Ob-La-Da（オブ・ラ・ディ、オブ・ラ・ダ）』という曲がある。

「Desmond has a barrow in the market place」という歌詞で始まるのだが、これを「デズモンド、ハズ、ア、バロウ、イン、ザ、マーケット、プレイス」と歌ったんでは曲に歌詞が追いつかない。

「デズモンド、ハズ、ア、バロウ、イン、ザ、マーケット、プレイス」

と歌って初めてビートルズの歌になるのだ（小さな文字はバッサリ切って捨てるぐらいの気持ちで歌ってほしい）。

英語はカタカナ式で丁寧に言えば言うほど伝わらなくなる。

じゃあ、ここで問題を出そう。次にカタカナで英語の発音を書いた日本語の単語があるが、それは何か。

1. キヤアラオウウウキ

2. サーキ

3. カールサーウ

答えは、1.がカラオケ、2.が酒、3.が黒澤（映画監督）だ。英語のネイティブ・スピーカーは、逆にボクらがふつうに話している日本語を日本人のように、つまりすべての母音を同じ強さで発音できないものなのである。

英語には日本人に聞き取りにくい〝5つのア〟がある！

先ほど、英語には大雑把に数えても15以上の母音があると言った。これが日本人が英語を聞き取るうえで最大のハードルとなる。これを克服するには、やはり発音記号をひとつひとつ覚えていくしかない。

ところが、これが非常に難しい。発音記号の解説書はたくさんあって、それぞれ工夫して説明しているのだが、どれも舌の位置がどうとか、くちびるの筋肉がどうとかあまりにも専門的で、ボクが発音の練習をするのには、あまり役に立たなかった。そこで自己流で覚えていった。その一部を紹介しよう。

数ある英語の母音のうち[ʌ]、[æ]、[a]、[ɚː]、[ə]の5つは、日本人の耳にはすべて「ア」、もしくは「アー」に聞こえてしまう。これが母音の聞き分けの中でも最大の難問だ。

でも大丈夫。ボクは35歳からの引きこもり留学で、この〝5つのア〟の聞き分けに成功したのだ。

たとえば走るという意味の現在形のラン（run）も、その過去形の走ったという意味のラン（ran）も、どちらも日本語の発音からするとランなのだが、発音記号で見てみると、まったく違う。

〝梅干しのア〟と〝般若のア〟！

現在形のrunは、発音記号ではｖのさかさま[ʌ]で、過去形のranはａとｅがくっついた[æ]だ。

ｖのさかさまのアは、引きこもり留学的に言えば〝梅干しのア〟。

想像してほしい。ものすごく酸っぱい梅干しが舌の上にのっていると口がキュッとすぼまるだろう。梅干しが口の中に入っていることをイメージしながら強めに発音するアが〝梅干しのア〟だ。

もし、梅干しが嫌いな人は、ドラマ『北の国から』に出ていた俳優の田中邦衛のモノマネをするようなイメージで、口をすぼめて強めにアと言ってほしい。

ラン、run、ラン、run……。梅干しが口の中に入っていることをイメージしながら言う、ア。梅干しのア！

そして、過去形のラン（ran）はaとeがくっついているような発音記号のア。このアをボクは〝般若《はんにゃ》のア〟と名づけた。

般若の面を見たことがある人はわかるだろうが、まるで口裂け女のように口が横に長く開いている。般若や口裂け女のように、口を長く横に開きながら発音するアが般若のアだ。

ラン、ran、ラン、ran……。般若の顔をイメージしながら言う、ア。般若のア！

こうしてふたつのアを言い比べてみると全然違うアになるはずだ。

梅干しが口の中に入っているアと般若の顔をして言うア。このふたつのアの違い

モンスター発音術

1 「梅干しのア」[ʌ]

酸っぱい梅干しを
イメージして、
はい、ご一緒に！

モンスター発音術 2

「般若のア」[æ]

口を横に大きく
広げるように
して……

がわかると現在形のrunと過去形のranの聞き取りができ、発音の違いもわかってくる。

ちなみに、梅干しのアは、ほかにも上のアップ（up）や来るのカム（come）、閉めるのシャット（shut）、トラック（truck）などがある。

また、般若のアは、ほかにも猫のキャット（cat）や阪神ファン（fan）、わだちのトラック（track）などがある。

3つめは〝握りこぶしのア〟！

そして、アの発音は全部で5個だから、あと3つのアがある。

3つめのアは〝握りこぶしのア〟だ。前に書いた「ラ、ドー（lock the door）」のlockのア。鍵をかけるなどの意味で、カタカナにするとロックとなってしまうが、

モンスター発音術

3

「握りこぶしのア」[ɑ]

本当に口の中に
握りこぶしを
入れるイメージで

アメリカ英語の発音だとラァックに近い。発音記号だと[ɑ]のやつ。

これは自分の握りこぶしを口に入れるイメージで発音する、ア。ボクはこれを握りこぶしのアと名づけた。

ラァック、lock、ラァック、lock……。握りこぶしを口の中に入れるイメージで発音するア、握りこぶしのア。前のふたつのアとの違いは歴然だろう。

この握りこぶしのアは、ほかに店のショップ（shop）や止まれのストップ（stop）などがある。

4つめは〝アヒル口のア〟！

そして4番目のアが〝アヒル口《ぐち》のア〟。これはちょっとやっかいなんだけど、口をほぼ閉じたまま上のくちびるをアヒルのように突き出す。そして、舌を奥に引っ込めるイメージで発音する。発音記号では、ｅのさかさまに鍵がついてさらに‥が

モンスター発音術 ❹

「アヒル口のア」[əː]

アヒル口で、
舌を奥に
引っ込めるように

並んでいる[əːr]だ。

たとえば、鳥のバード（bird）。

バード、bird、バード、bird……。口は閉じたままくちびるを突き出し、舌を奥に引っ込めるイメージで発音する。

梅干し、般若、握りこぶしのアとは、まったく違うアになるはずだ。

このアヒル口のアは、ほかに地球のアース（earth）や女の子のガール（girl）などがある。

5つめは〝あいまいのア〟！

そして最後が日本人の最大の敵である〝あいまいのア〟。

このアはほとんど聞こえないアなのだ。発音記号でいえばeのさかさまの[ə]。

たとえば、ジャパン（Japan）の最初のア。

ジパン、ジパン……。アと言っているのか言っていないのかわからないぐらいのかすかな音、あいまいのア。

ジの後に本当に聞き取れるか聞き取れないかぐらいの声でアと言っている。それがわかるとジパンがジャパンに聞き取れるようになる。ちなみにpanのaは般若のア[æ]で、アクセントがあるので強烈に聞こえる。

それから、〝忘れるな〟の「ドント、ファゲット(don't forget)」。このファの〝ア〟があいまいのアで、ほとんど聞き取れないア。

だから、初めは「ドン、フゲッ」というふうに聞こえるんだけれども、フの後に聞こえるか聞こえないかのアがあるんだと思って聞くと、「ドン、ファゲット」と聞こえるようになる。

さっきの例で言うと「ア、チケット、トゥ、ニューヨーク(a ticket to N.Y.)」のうち、最初の「a」と「ticket」の「e」と「to」はすべて、あいまいのア。

聞こえないと思ってあきらめて聞くと、初めてなんとなく聞こえてくる。

とにかく、この〝ア〟は、日本人の最大の敵だ。

モンスター発音術

5

「あいまいのア」[ə]

言っているのか
いないのか。
微妙な感じで……

前に「本当に聞こえる母音は、一単語にひとつだけ」とか「前置詞や冠詞は聞こえない」とか書いたが、それはすべてこの〝あいまいのア〟のせいだ。アクセントのない母音や冠詞、そして前置詞の多くが、このほとんど聞こえない[ə]なのだ。

代表的なＴＯＥＩＣ用語で説明しよう。benefit（利益、利点）という単語がある。日本人はどうしてもスペルにひきずられるから、これを「ベネフィット」と読んでしまう。ところが、発音記号は[bénəfit]となる。nefitの部分にはアクセント[´]がないので、スペルがeだろうとiだろうと、あいまいのア[ə]で発音されるのだ。無理やりカタカナで書くと「ベナファット」となる。

大リーガーを困らせたファストとファースト！

アメリカのメジャーリーグ、シアトル・マリナーズにいた佐々木主浩というピッチャーが、英語で一番困ったのがやはり、こうした〝ア〟の発音だったという。

たとえば、ワンアウト、ランナー3塁で、バッターをピッチャーゴロに打ち取ったあと、キャッチャーから「ファースト！」という指示を受けるのだが、〝速い〟というファスト（fast）と〝一塁〟というファースト（first）の区別がなかなかつかない。

だから、彼にはキャッチャーが「一塁（first）に投げろ！」と言っているのか、キャッチャーめがけて「速く（fast）投げろ！」と言ってるのかわからなくなってしまうのだ。


でも、この引きこもり留学式5つのアを覚えれば、苦労はしてもいつか聞き分けられるようになる。

〝速い〟という意味のアは般若のア[æ]で、〝一塁〟という意味のアはアヒル口のア[əː]だ。般若だったらキャッチャーに、アヒル口だったら一塁に投げればいい。

もし、現役時代の佐々木選手に会うことがあったなら、この聞き分け方を教えてあげていたんだが……。

まずは入門としての引きこもり留学式発音法！

これまで書いてきたように、日本人にはアに聞こえる[ʌ]、[æ]、[ɑ]、[ə:]、[ə]を含め、英語には大雑把に数えて15種類の母音がある。

だから、あ、い、う、え、おの5つしか母音を持たない日本人が、英語の発音を聞き取るのは大変なのだ。うまいたとえではないかもしれないが、5部屋しかない民宿に15人のお客さんを泊めるようなものなのだ。

そして、たとえばCNNのアナウンサーがしゃべっている時、音を消して口の動きをよく見てほしい。そして、それをNHKのアナウンサーが日本語をしゃべっている時と比べてほしい。

そうすると英語を話すには、どれほど顔全体の筋肉を使わなければいけないか、よくわかるはずだ。

日本人は話す時にほとんど顔の筋肉が動かない。だからボクは、英語を話す時はあえて顔の表情を大げさにすることで、ネイティブの発音に近づけようと思った。

表情を大きく見せることで５つしかない部屋に15人のお客さんを泊める努力をした。その結果が、梅干しのアであり、般若のアであり、握りこぶしのアであり、アヒル口のアであり、あいまいのアなのだ。

専門家から見たら、こうしたボクの発音法は素人っぽいと思うかもしれないけれど、自分が英語を聞き取るために編み出した方法なのだ。

でも、これでボクはＴＯＥＩＣの９９０点満点を24回も取ってきた。

ボクにとって、これ以上わかりやすい英語の聞き取り法は、今はないのだ。

[Chapter 4]イングリッシュ・モンスターへの道 リスニング編

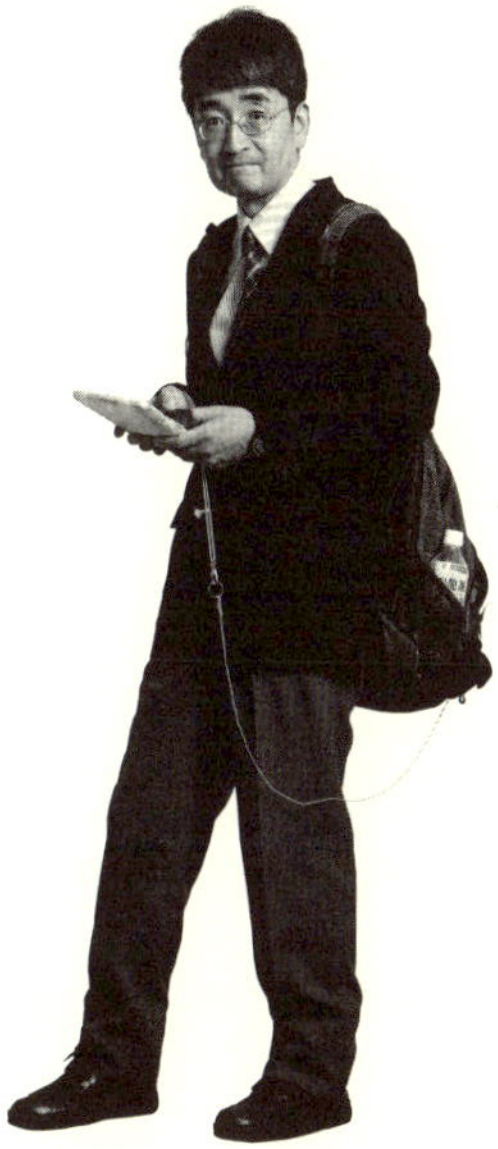

Chapter 4の復習

1

アメリカのシチュエーション・コメディを観て
ネイティブの発音を聞き取る練習をする

2
ワンシーンごとに聞いては止め、
巻き戻し、再生して聞いては止め、
また巻き戻してを何度も何度も繰り返す

3
英語の単語で聞き取れる母音は
一個だけと思え

4
英語はカタカナで
丁寧に言えば言うほど、伝わらない

5
日本人には聞き取りにくい
〝5つのア〟を覚えよ

Chapter

5 イングリッシュ・モンスターへの道

発音編

カップめんモンスター大作戦で

発音を鍛えろ！

Monster's Pronunciation lesson

English Monster

日本人はもっとも苦手、テレビ局も間違えたRとL!

母音が終わったら、今度は子音。これもやっかいなのだが、ここではもっとも手強いRとL、sとthの違いに限って説明しよう。

RとLの聞き分けは本当に難しい。ボクも今でも苦労しているほどだ。実はRとLは、テレビ局でも間違って訳されていたことがある。

あるシチュエーション・コメディを観ていた時のことだ。

それは、小さな女の子が怪獣みたいな人形を買って、雑誌では1mぐらいの大きさに見えたのに届いてみたら5cmぐらいの大きさしかなくてガッカリするというシーンでのセリフだった。

本来なら、「私がおこづかいをはたいて買った夜光る人形が……」となるべきところを、「私がおこづかいをはたいて買った闇夜で成長する人形が……」となっていたのだ。

それは〝グロウ、イン、ザ、ダーク（glow in the dark）〟というセリフで、夜光塗料を塗ってあり、夜中に光るという意味なのだが、この「glow」を「grow（成長する）」と間違ったのだ。

すると〝闇夜で成長する〟不気味な人形という意味になる。

テレビ局ならどこでも、日本でもトップクラスの翻訳家や通訳を雇っているはずだ。それでも間違うことがあるくらい、RとLは日本人には聞き取りにくいのだ。

生徒さんにも発音の違いを教えるために、「Rは舌を丸めて、のどちんこを舌の先でつついてください。まあ、頑張ってものどちんこまでは届かないでしょうけど、思いっきり丸めて、一番近くまで持っていく」と言うのだけれど、少し時間がたつと日本語のラリルレロに戻ってしまう。

"R"の発音は、サザンの桑田のモノマネで！

これはボクも同じで、だからこそ「知識だけではダメだ、これは身体で覚えなきゃ」と思ったわけだ。

そこで、Rを覚えるためにやったのは、サザンオールスターズの桑田佳祐のモノマネ。桑田はラリルレロとタチツテトを英語のRに近い音で発音する。だから、舌を丸めて、のどちんこを舌の先でつつくようにしながら、そのままの舌で『いとしのエリー』をRで全部歌う。

「ラララリ〜ラ、ロロロラ〜ル、ルレラルリレロ〜ラロ……」

こうして舌にRの筋肉の動きを覚えさせるのだ。ちなみに本格的Rの感覚に慣れようとするなら、この舌のままで一日中過ごすのだ。

まあ、平日は仕事に支障をきたすだろうから、休日、誰とも会う予定がない日にやったほうがいい。

“L”の発音は、山瀬まみのモノマネで！

Rができたら、今度はLだ。Lの発音に近いイメージでしゃべるのは山瀬まみだとボクは勝手に思ってる。舌がにゅるっと伸びて、前歯の裏にはりつく感じ。

この舌のまま「こんにちは、山瀬まみです」。一生懸命にしゃべるのだけど、どこかがつっぱっていて、うまく発音できない。

そして、これでまた『いとしのエリー』を歌ってみる。

「ラララーラ、ロロロラール、ルレラルリレローラロ……」

だいぶ違う歌になってるはずだ。ちなみに本格的Lのイメージをつかもうとするなら、この舌のままで一日中過ごすのだ。

まあ、平日は仕事に支障をきたすだろうから、休日、誰とも会う予定がない日にやったほうがいい。

“th”の発音は、舌先を空気が抜けていく感じ！

そして、RとLに並んで日本人の苦手な発音に「サンキュー（thank you)」などの“th”がある。

たとえばマウスという単語、「mouse」ならネズミもしくはパソコンの周辺機器になるが、「mouth」だと口になる。

ネズミのマウスは、日本語の「ス」より、もっと強くこすれるような“ス”が聞こえるし、口のマウスは、“ス”とは全然聞こえない。舌を歯で軽く挟んでほとんど「マウ」だけ。舌の上面と上の前歯の間を空気が抜けていくだけ。ほとんど雰囲気だけで感じ取る音なのだ。

聞き取りだって発音だって、海外に行かなくってもある程度は勉強できる。引きこもり留学で十分、上達できるのだ。

日本人だからカタカナ英語でいいと開き直るな！

ボクは、できれば最初から、カタカナ発音から抜け出す努力をすべきだと思っている。

最近、有名な英語の教育者たちがこんな意味のことを言っていた。

「日本人は、LとRや発音を気にしなくていい。ラリルレロでいい。theやaだって気にしなくていい」

この有名な英語教育者たちは、なぜ、こんなことを言ったのだろうか。

たとえば、「私は、あなたは間違っていると思います」というのを、完全なカタカナ英語で言うと、「アイ、シンク、ユーアー、ロング（I think you are wrong）」になる。

これをふつうのネイティブ・スピーカーが聞いたら「私は沈みます（I sink）」「あなたは長い（you are long）」に聞こえるだろう。

それでも、英語の初心者なら「シンクって〝s〟だったかな、〝th〟だったかな、間違うって〝l〟だったかな〝r〟だったっけな」と悩んで、何も言えなくなってしまうよりは、カタカナ英語でもいいからとりあえず言って、あとは相手に推測してもらうほうがいい。

黙っているよりは、カタカナ英語のほうがまし。その意味では、この有名な英語教育者たちは正しい。

しかし、いつかどこかで、アメリカ人やイギリス人と仕事上で話す可能性のある人は、やはり初めから気にしておくべきだと思う。

「ワタアアアシ、スウウウシ、キラアアアイネ！（私、スシ、嫌いね）」レベルの日本語しか話せず、「私はアメリカ人だから、これでいいのだ。文句を言うな」と開き直っているアメリカ人と一緒に仕事をする気にはならないだろう。それと同じだ。

聞き取りのための秘密兵器、カップめんモンスター大作戦！

実は、こうした聞き取りや発音の練習には、ある秘密兵器を使った。その秘密兵器とは、即席カップめん。

そう、あのお湯を入れて3分とか5分間待つだけのカップめん。ちなみにボクが大好きだったのはマルちゃんの「赤いきつね」と「緑のたぬき」だ。あの大きさと素材がちょうどいい。

とにかく、カップめんをふたつ買ってきて中身を食べたら、きれいに洗って乾かす。次に片方の耳と口にあて、重なった部分を切り、切った部分にガムテープをはってくっつけ、輪ゴムを通せば出来上がり（ちなみに、これは本来の使い方とは違

モンスター・アイテム 5

秘密兵器

カップめんモンスター大作戦器具

これが完成形！ 激安で作れます

monster item ● SECRET WEAPON

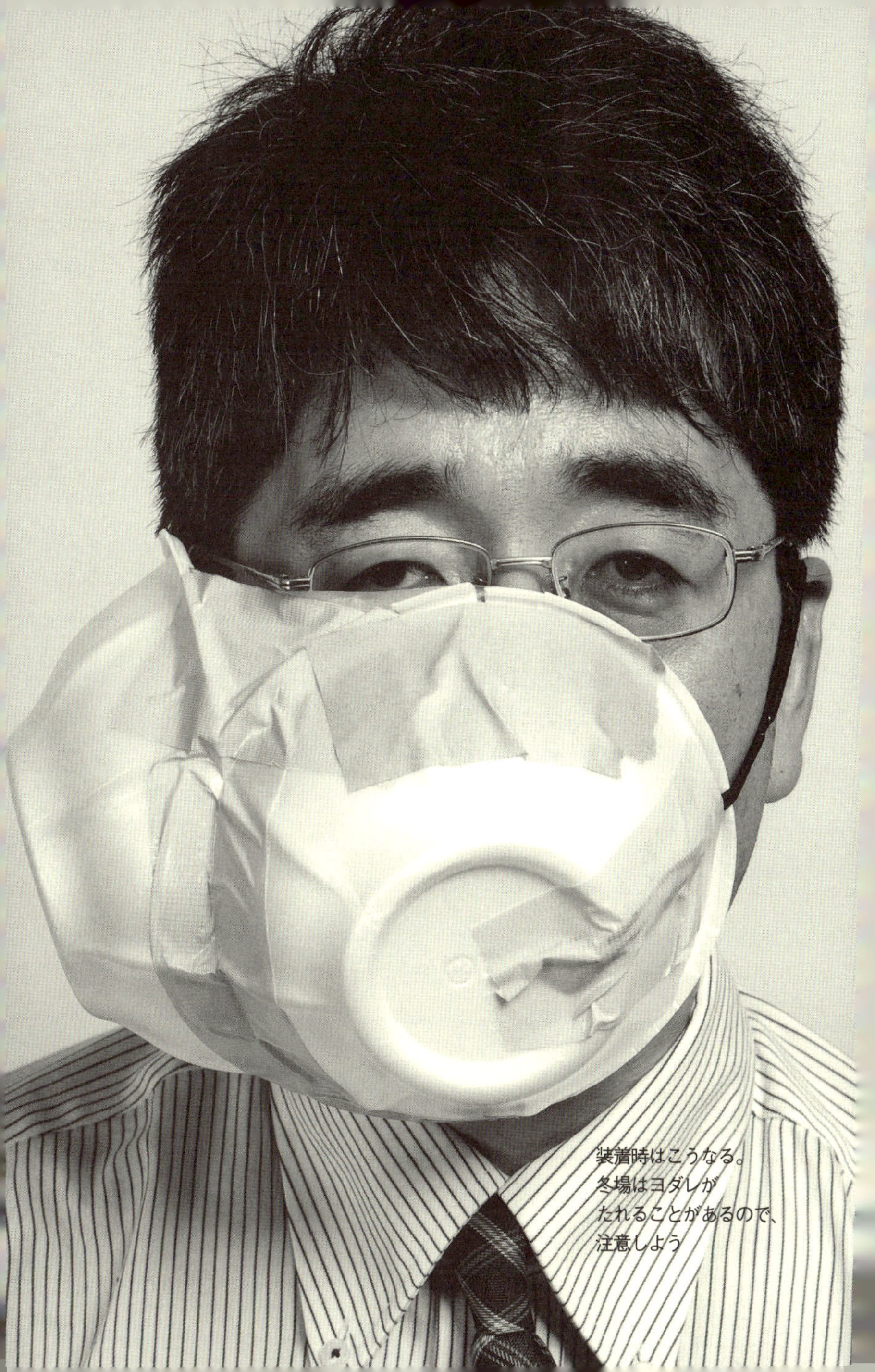

装着時はこうなる。
冬場はヨダレが
たれることがあるので、
注意しよう

うので、個人の責任でご利用ください)。

これと中古の安いカセットテープレコーダーにイヤホンがあれば十分だ。

ちなみにテープレコーダーは、テープの再生スピードを調整する機能がついているものが望ましい。ネイティブのノーマルなスピードの発音は速すぎて聞き取れないので、まずはゆっくりとしたスピードで始めたほうが聞き取りやすいのだ。

まあ、最近はテープレコーダーも少なくなってきているようだから、CDラジカセやMDプレーヤーで再生スピードを遅くすることができるものなら、それでもオッケー! もちろん、ほかのものでもオッケーだ。

そして、英語のドラマでもニュースでもなんでもいいから、録音した英語のテープをテープレコーダーに入れ再生する。

その時に片方の耳に再生された英語が聞こえるようにイヤホンをつけ、もう一方の耳と口をカバーするようにカップめんモンスター大作戦の器具をつける。

片方の耳から英語が聞こえたら、それと同じ言葉を自分で言う。たとえば「I don't like movies」と聞こえてきたら、そこでテープを止めて、自分も同じように言う。

すると、その声がこの器具を伝わって、もう一方の自分の耳に聞こえてくるのだ。

カップめんモンスター大作戦の唯一の弱点とは……

ボクは、そうしてネイティブの発音と自分の発音を比べてみた。最初はなんて自分の発音は下手なんだろうと思ったけれど、そのうちにだんだん似たような発音になってくるのだ。

別にカップめんでこの器具を作らなくても、何万円も出せば同じような機能の器具が買えるのだろうが、引きこもりのボクにはそこまでのお金の余裕がなかったのだ。

ちなみに、こうしてネイティブがフレーズやセンテンスを言った後に、ちょっと待ってもらって、正確に繰り返す勉強法を〝リピーティング〟といい、ネイティブが話しているのを一拍置いてから自分もスタートし、後から同じように追いかける勉強法を〝シャドウイング〟という。

その時は、そんな言葉があるとは知らずにやっていたけど、後から知って、このカップめんモンスター大作戦はすごい勉強法だったのだと我ながら感心した。

ただ、このカップめんモンスター大作戦には、ひとつ大きな問題がある。ボクが引きこもり留学をしていたのは仙台で、冬は氷点下3度とか4度になる。それなのにお金がなくて灯油が買えず、ストーブがつけられない。

そんな中で、1時間ぐらいこの作戦を実行していると、口につけている容器の中に水滴がたまって、下のほうからヨダレのようにポタポタたれてくるのだ。

これが、ものすごく気持ち悪かった。だから、もし、この作戦を冬にやるのなら、できるだけストーブをつけて、部屋の中を暖かくしておいたほうがいい。

Chapter 5の復習

1

RとLは、
日本人がもっとも間違えやすい発音だ

2 Rは桑田佳祐を思い出せ

3 Lは山瀬まみを思い出せ

4 〝チ〟は舌先を空気が抜けていく感じで

5 カップめんモンスター大作戦で自分の発音を確認しろ

6 カップめんモンスター大作戦は、冬はヨダレがたれる可能性がある

Chapter

6

イングリッシュ・モンスターへの道

文法編

文法なんて、だんだんと

慣れていくもの!

Monster's grammar lesson

English Monster

文法はみんなが苦手、初めから完璧に覚える必要はない！

英語の講師をしていると、「どうすれば文法がわかるようになりますか？」という質問をよく受けるのだけれど、ボクの答えはいつも同じ。「長い時間をかけて少しずつ、少しずつ慣れていってください」と言うだけだ。

「自分は文法が苦手」という人はたくさんいる。「文法が苦手だからリーディングの勉強ができない」とか「文法が苦手だからいくら英会話を聞いても上っ面しかわからない」とか。

実はボクも文法が苦手だ。ひょっとしたら、最難関の冠詞や前置詞の自然な用法まで含めて「私は英文法が得意です」と言い切れる人は、ひとりもいないかもしれない。

だから、ボクがここで言いたいのは、最初から完璧に文法を覚える必要はないということ。

特に多くの文法書にのっているさまざまな表やリスト（不規則動詞活用表や、後ろにto不定詞、あるいは動名詞を従える動詞のリストなど）を記憶しようとして、頑張る人がいるけれど、そんなことは不可能だし、必要もない。

不規則動詞の覚え方

英語の動詞には過去形と過去分詞形がある。多くの動詞は「ed」をつければ過去形、過去分詞形になるんだけれど、たとえば「write」のように過去形は「wrote」、過去分詞形は「written」となる動詞もあるんだとわかっていれば、それでいい。

同じように「swim」の過去形は「swam」で、過去分詞形は「swum」になるんだと、単純に「ed」をつければいいだけじゃない動詞があるんだとわかっていればいい。

そして、一度でも多く「wrote」「written」「swam」「swum」の形を読んだり聞いたりして、経験して覚えるのだ。

真面目な人に限って「完了形がわからないから、完了形の受動態もわからない」と言うけれど、これについても同じことが言える。日本人で英語の完了形が完璧にわかる人なんて、そんなにいないだろう。だから文法は、だんだんと場数をふんで慣れていくべきものだと覚えておけば、それでいい。

to 不定詞などの難しい文法、これを全部覚えるのは無理!

また「to 不定詞」などの難しい文法もある。

「私、泳ぐ、好き」は日本語ではない。これを日本語にするには「私は泳ぐことが好き」とか「私は水泳が好き」というように、〝泳ぐ〟を名詞にして、それを〝好き〟という動詞の目的語にする必要がある。

「私、泳ぐ、好き」でも意味は通じるが、それはきちんとした日本語ではない。

英語も同じで、「I like swim」はダメで、「I like swimming」か「I like to swim」にするかの、どっちか。

ここまではまあいいのだが、like の代わりにたとえば avoid（避ける）という動詞がくると、話は一気にややこしくなる。「I avoid swim」はダメで、「I avoid swimming（私は水泳を避けます）」にしなければいけない。

「avoid」は後ろに動名詞しかつかないので、「I avoid to swim」は誤りとなるわけだ。

文法書を見ると、avoid のように to 不定詞がこない動詞が30個ぐらいバーッとリストアップされているのだけれど、これを丸暗記してもあまり意味はない。まずは、「to 不定詞をつけちゃいけない動詞があるんだ」ということを頭の中にぼんやりと入れておけばいいのだ。

そして、avoidという単語を辞書で引くたびに「to不定詞はつけちゃいけない」と気をつけておけばいい。

ちなみに「自分は会話だけうまくなればいい」という人は、to不定詞と動名詞の区別は、あまり気にする必要はない。ただし、きちんと文法を学んで英語を仕事に生かしたいという人やTOEICの点数を上げたい人は、一回でも多くavoidを辞書で引いて、この動詞の後にはto不定詞はつかないと確認することが必要だ。

SVOとSVC、目的語と補語の違いをどう見分ける?

そして、文型で「SVO」と「SVC」(S＝主語〈名詞〉、V＝動詞、O＝目的語、C＝補語)の見分け方というのもある。このへんから難しくなってきて、英語嫌いになる人が多いのだが、じゃあ、この目的語と補語の違いをどう覚えるか。

「I love you」というのは、主語〈名詞〉＋動詞＋名詞で「私はあなたを愛する」という意味。そして「I am a student」というのも、主語〈名詞〉＋動詞＋名詞で「私は学生である」という意味。

これは主語〈名詞〉＋動詞＋名詞で表面的には一緒に見える。それなのに、どうして一方がSVOで、もう一方がSVCになるのか。

「I love you」では、「I」と「you」はまったく別のもの。主語が別のものに働きかける時に、その別のものを目的語と呼ぶ。

それに対して「I am a student」の「I」と「a student」は同じもの。出てきた名詞を置き換えるのが補語になる、と説明する。

でも、これで目的語は何か、補語は何かを完璧に把握できるのは1億人にひとりの天才しかいない。だから、最初の出発点は目的語は主語と違うもの、補語は主語と同じもの、というぐらいぼやーっとした感じで覚えればいい。頭のどこかで目的語と補語というのがあると意識してればいい。

あとはたくさん英文を読んで何度も何度も辞書を引き、何度も何度も英語を聞いていく中で、慣れていくしかないのだ。

主語と動詞を最初に見つける

以上、〝文法とは初めにマスターすべきものではなく、リーディングやリスニングの経験を重ねる中で、だんだんと慣れていくべきものだ〟と繰り返して言ってきた。ただし、ひとつだけ例外があって、これについては第一歩から妥協せずにこだわってほしい。


それは〝英文には絶対に主語と動詞がある〟ということだ。読む時や聞く時は、まず「何が」「どうしたのか」という骨格の情報をとらえること。

書く時、話す時も最低限「何が」「どうした」ということを伝えること。

これだけは、くれぐれも忘れないように。

Chapter 6の復習

1

不規則動詞の変化も、
to不定詞と動名詞の使い分けも、
目的語と補語の違いも、
時間をかけて

だんだん慣れていくべきだ

2

とにかく主語と動詞を
見つけることが先決だ

Chapter

7

イングリッシュ・モンスターへの道

TOEIC対策編

形だけ問題集をやってるから

ダメなんだよ!

Monster's TOEIC step lesson

English Monster

TOEICの問題集を形だけ何冊もやってるからダメなんだ！

2002年に初めてTOEICの講師になって以来、一対一の個人レッスンから大教室で50人以上を相手にした講義まで、ありとあらゆる形で数知れぬ生徒さんと接してきた。そして、数知れぬ質問を受けてきた。

その中で、圧倒的に多く聞かれるのが、こういうことだ。

生徒「TOEICの問題集を5冊も10冊も買ってやったのに、英語の実力がついている感じがしないし、点数も伸びないんですよ」

菊池「どんなふうに問題集をやったのですか？」

生徒「本番と同じように時間を計って、リスニング100問、リーディング100問やってます」

菊池「その後は?」
生徒「もちろん答え合わせをして、解説を読んで、CDも2回ぐらい聞き直します」
菊池「それだけ?」
生徒「いや、それが終わったら、次にまた新しい問題集を買ってきて、また、本番と同じように時間を計って……」
菊池「だからダメなんですよ」

健康診断を何回受けても健康になるはずがない!

問題集を買ってきて、それを本番と同じようにやって、終わってから答え合わせをして、間違ったところの解説を読む。そして、聞き取れなかった英文をもう一度、聞いてみる。

これでは英語の勉強をしたことにはならないんだ。

英語を勉強するというのは、知らなかった単語を覚えたり、聞き取れなかった英文を何十回も聞いたり、あやふやだった文法の知識を確認することをいうのであって、2時間ぐらい時間をとって試験問題をやるっていうのは、いわば〝健康診断〟を受けているようなもの。

健康診断を何十回、何百回受けたって、健康にはならない。今、自分がどれぐらい健康かがわかるだけなんだ。

もし、本当に健康になりたかったら、ジョギングをするとか、野菜をいっぱい食べるとか、毎日、コツコツと努力をしなくちゃダメなんだ。

でも、半日とか一日使って健康診断を受けてお医者さんに診てもらうと、健康のために何かしたような気がしてしまう。

英語の勉強もそれと同じこと。

問題集を買ってきて、2時間ぐらい問題を解いて、そして答え合わせをして、解説を読んで、聞き直して、はい次の問題集、じゃ勉強したことにならない。

これでは、英語は全然上達しないし、ＴＯＥＩＣの点数だって上がるはずがない。

ＴＯＥＩＣで高得点を取るためのいい問題集の見分け方！

じゃあ、どうすればいいのか。もし問題集を何冊も買ってしまったならば、買ってきた問題集の中の一冊を徹底的に勉強すること。

ひとつの問題集の中で、知らない単語がないようにする。聞き取れない表現がないようにする。そうしなければ意味はない。

では、どんな問題集がいい問題集なのか。

まずは、略歴を見て、過去に何度もＴＯＥＩＣで９９０点満点を取ったことのある人が書いたり、監修した問題集を使うこと。

大雑把な基準をいえば、通算でなら10回以上、一年間のスパンでなら4回以上９９０点を取っていること。そして、現在でもほぼ毎回ＴＯＥＩＣを受けている人のものなら安心だ。

過去にさんざん苦労して1回か2回990点を取り、その後、ほとんど受験もしていないという〝TOEICの専門家〟は実に多いのだ。

彼らの書いたTOEICの問題集は、このボクがてこずるような奇問、難問が載っていたりする。そこまでひどくなくても、もう何年も出ていないような問題をこと細かく解説していることも多い。

困ったことに、大手出版社や英語学校からも、この手の問題集はたくさん出ている。だから教材は、会社名ではなく、著者、編集・監修者の名前を見て選んだほうがいい。

ボクは「まずは一冊の問題集を徹底的にやれ」と言った。的外れの問題集を徹底的にやって、TOEICではまず出ないような単語を覚えたり、専門的な文章と格闘するのでは、あまりにも遠回りになってしまう。

問題集はくれぐれも気をつけて選んでほしい。

TOEICの鍵、それはスピード！

俗にいうテクニックではないけれど、TOEICで高得点を取るために常に意識しておかなければいけないことはある。それはスピードだ。

TOEICを受けたことがある人はわかると思うが、この試験は、ある意味スピード勝負なのだ。

TOEICは、リスニング100問をほぼ45分で、リーディング100問を75分で解かなければいけない。ということは、一問に2分も3分もかけているヒマはない。どんなに難しい問題でも30秒以内に結論を出して、次に行かなければいけないのだ。

これじゃあ、ふつうの人は200問全部を終わらせることなんか、できるはずがない。

だから、よく生徒さんから「どう頑張っても120分じゃ終わらないいんですが、どうすればいいんでしょうか？」「どうすればリーディングの100問を75分でできるようになるんですか？」と質問される。

これに対して、「一問一問の時間配分に気をつけてください」と言うしかないのだけれど、根本的な解決法はひとつしかない。

それはすごく単純で〝いい問題集を使い、単語をたくさん覚えて、英文をたくさん読んで、速読力をつけること〟だ。

速読力の養成に早道はない！

速読力をつけること自体には、早道はない。よく英語上達の秘訣として、「日本語に訳さず、英語を英語のままで理解すること」があげられているが、心がけ次第で上達できるなら、誰も苦労はしない。

時間をかけ、毎日毎日、英文と格闘しているうちに、だんだんと日本語に頼らず理解できるようになるんだ。

これが、ボクの知っている唯一のＴＯＥＩＣ用速読力養成法。特別なことはしない。ただ、いい問題集を使い、コツコツと英文を読み、知らない単語があったら片っ端から覚える。忘れるけど、めげずにまた覚える。それだけだ。

これがイングリッシュ・モンスターの引きこもり留学だ！

小さな頃からなにかと忘れ物やなくし物が多く、小学校では、家を出る時にはちゃんとハンカチやちり紙を持っていたはずなのに、学校に着くとなくなっている。

そんなボクの勉強法。

TOEICで990点満点を24回も取り、イングリッシュ・モンスターと呼ばれているけど、やってることは簡単だ。

誰もが、どこでも、やる気さえ出せば、すぐできる。

お金なんか必要ない。

それがボクの引きこもり留学だ。

[Chapter 7]イングリッシュ・モンスターへの道 TOEIC対策編

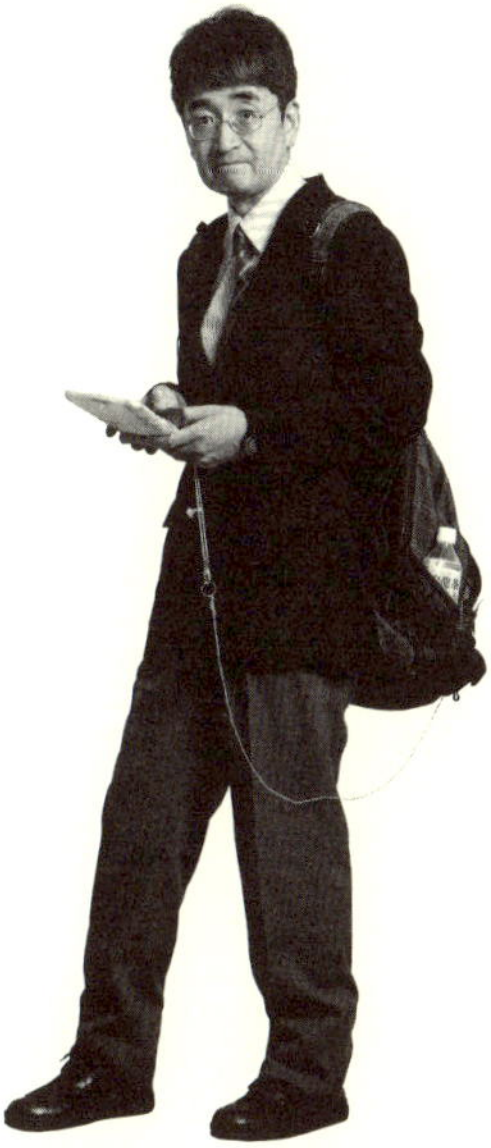

Chapter 7の復習

1

TOEICで高得点を取る
特別なテクニックなんかない

2
問題集を何冊もやるより、一冊の問題集でわからない単語がなくなるまで勉強しろ

3
TOEICのいい問題集というのは、過去に990点満点を何度も取っている人が、書いていたり監修しているものだ

4
200問を120分以内でやるためには、一問に2分も3分もかけていてはダメ。TOEICはスピードが勝負だ

5
速読力の養成に早道はない

Chapter

8

イングリッシュ・モンスターへの道

補習

補習だから、

読み飛ばしてもらってもかまわない!

Monster's extra lesson

English Monster

英語の勉強は、みんな目指すゴールが違うのだ！

最後に、ここから先は、ボクがどうしても言いたかったことが書いてある。

それはＴＯＥＩＣでいい点数を取るテクニックでもなく、また、英語上達の早道でもない。ものすごく、ふつうのことだから、読み飛ばしてもらってもかまわない。

ただ、これは、英語を勉強するにあたって、もっとも単純なことだけど、とっても大事なことなんだ。

ある本屋さんに行って、本棚に『明日から営業成績がトップになる方法』とか『これさえやれば一日に車が１００台すぐ売れます』なんていう本が何百冊も並んでいたら、あなたはどう思う？　最初は「何だろう？」と興味を持ってページをペラペラとめくっていくかもしれないが、本当にその方法をやっただけで一日に車が１０

0台すぐ売れるとは信じないだろう。

ふつうは営業先を何度も訪問して、相手の話をじっくり聞いたり、お客様は何を必要としてるかを自分で考えたりする地道な作業の中で、営業成績を上げるコツだとか、たくさん車を売る方法を学んでいくはずだ。

たしかに、『これさえやれば～』という本の中には、みんなが参考にできるエピソードはあるかもしれないけれど、〝すぐ売れる〟なんていうことがあるわけない。

ところが、残念なことに英語の勉強に関しては、こうした類の本が非常に多い。「これさえやれば……」「すぐに覚えられる……」のオンパレードだ。

英語の勉強は人それぞれに目指すゴールが違っている。〝ややこしい単語は覚えなくていいからニューヨークに行って自由に歩き回りたい人〟〝ブロードウェーで本場のミュージカルを観て歌詞を聞き取りたい人〟〝会話はそこそこでいいから『ニューヨーク・タイムズ』の社説を読めるようになりたい人〟……それぞれに、いろいろな目標がある。

また、出発点も違っている。〝単語はいっぱい覚えているけど、まだカタカナでしか発音できない人〟もいるだろうし、〝3年ぐらい留学していて、会話はできるけど難しい話はちょっと無理だという人〟もいる。

100万人英語を勉強したい人がいれば、100万人の出発点と100万人のゴールがあるのだ。

何度も言うけど「これさえやれば～」という英語勉強法はない！

だから冷たいようだけど、ボクが伝えられるのは「ボクがやった勉強法はこうでした」ということだけで、「これをやったら絶対に英語ができる」ということではない。

みんなが、それぞれ今の自分の実力を把握して、目標を決めて、自分に合った勉強法を工夫してコツコツ頑張るしかない。

「え～、勉強法まで自分で考えなきゃいけないんですか？」とがっかりしないでほしい。

「エーッ！　本当に自由に、好き勝手にやっていいんですね！」と喜んでほしいのだ。

ボクは「赤いきつね」と「緑のたぬき」で、カップめんモンスター大作戦をやっていた時、本当に楽しかった。キミにもこの楽しさを味わってほしいのだ。

こういうことを言うと、きっとキミが不安に思うのは、「自分がコツコツ勉強している時に、誰かが『これさえやれば英語ができる』みたいな本を読んで、簡単に英語が上達してしまってるんじゃないか」ということだろう。

そして、それまでコツコツとやってきた勉強を途中でやめて、自分も『これさえやれば～』の勉強法を始めようとするだろう。

だから何度でも言う。この世に〝簡単に本物の英語力がつく方法〟なんてあるわけない！　安心してコツコツ勉強してほしい。
そして、安心して勉強するために大事なことがふたつある。

ひとつは、〝自分は今日、知らない単語をひとつでも覚えられた〟という成果か、〝たしかにこれが勉強できた〟という手ごたえがあること。もうひとつは、成果や手ごたえがなくても〝勉強が楽しかった〟と思えること。

ふたつともあるのが理想だが、まあ、両方感じられるなんて難しいだろうから、どちらかひとつで十分だ。

でも、それでもコツコツと頑張っていれば、英語は確実に自分のものになっていく。自信を持って勉強を続けてほしい。

I'm the English-Monster.
Let's study English together!
See you again!

モンスター・アイテムを
フル装備した
モンスター菊池

必死になって
英語の勉強をする
モンスター菊池

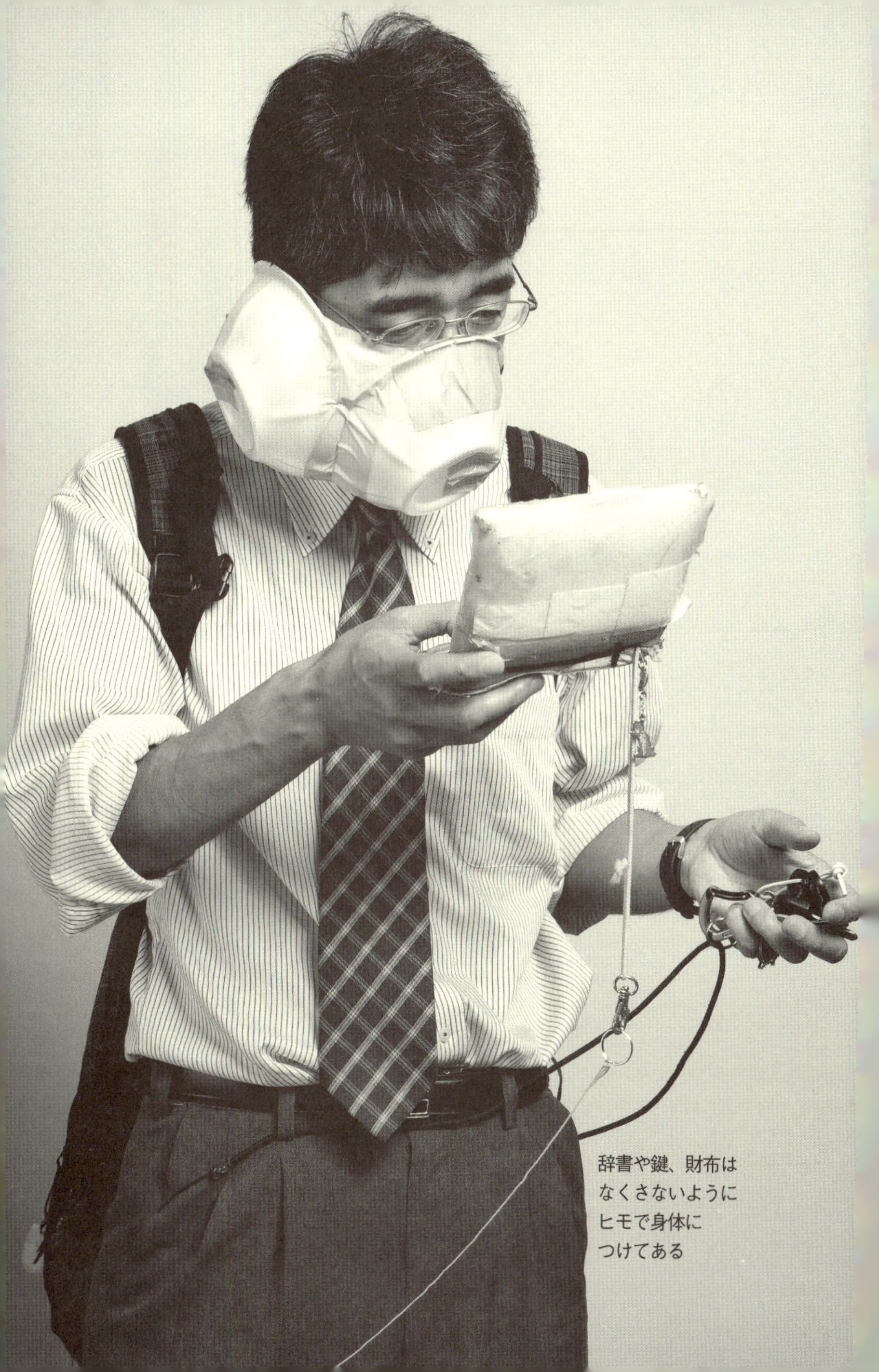

辞書や鍵、財布は
なくさないように
ヒモで身体に
つけてある

あとがきに代えて……「オトメギルル」

990点満点を取った人間なら、みんな思うことだろうが、ボクにとってTOEICの満点などは、本当に出発点にしかすぎない。

英語の勉強には終わりがない。だからボクは必死になって勉強するのだが、一向に進歩せず、あきらめたくなることがある。

そんな時、ボクには英語を勉強する気力を出すための〝おまじない〟のような言葉がある。それは「オトメギルル」だ。

オトメギルル、オトメギルル、オトメギルル……。

この言葉を言うと、ボクは頑張って英語の勉強をしなくてはと思う。

2010年のNHK大河ドラマ『龍馬伝』は、福山雅治が主演し、大ヒットしたドラマだ。坂本龍馬の出身地である高知だけでなく、龍馬ゆかりの地はどこも観光客であふれ、その人気の高さを物語っていた。今、龍馬の話をすると、その人気に便乗しているように思われてシャクなのだが、ボクの「オトメギルル」というおまじないも龍馬にちなんだものだ。

実は、勝海舟が開いた海軍の学校で、龍馬が英語を習っていた時の単語帳に、この「オトメギルル」という言葉が書かれていたらしいのだ。

答えから先に言おう。「オトメギルル」とは、オトメ（処女）ギルル（girl）と書かれたものなのだ。

龍馬は英語の勉強をしていく中で、「オトメ」は英語で「girl」と書くということを知った。しかし、当時は英語の知識のある人が少なかったので、「girl」の読み方がわからない。

そこで龍馬は、いろいろな人にこの言葉を訪ねて歩いたのだろう。すると、オランダ語を勉強したことのある人が「gi」とは「ギ」と発音し、「r」と「l」は日本語の「ル」に近いと言った。

それを聞いた龍馬は、単語帳に「オトメ、ギルル」と書き込んだのだろう。

英語の辞書もない時代、ましてやテレビドラマでネイティブ・スピーカーの発音を聞けない時代に、龍馬は「girl」というひとつの単語の意味を知るために街中を走り回り、一生懸命に読み方を聞き回ったのだ。

それに比べれば、今の時代は英語の辞書もあるし、テレビを観ればネイティブ・スピーカーの会話も聞ける。龍馬には悪いが、なんていい時代なのだろう。

龍馬は、自分たちが住んでいる日本という国は丸い地球の一部で、日本の反対側には、農民でもまんじゅう屋の息子でも、頑張れば将軍になることができるすごい国があることを知っていた。

ご存知の方も多いと思うが、龍馬の友達でまんじゅう屋の息子だった長次郎、のちの近藤長次郎は、日本を変えるためにイギリスに留学することを決意し、イギリスの船に乗船しようとするが、それが見つかって切腹することになった。

イギリスやアメリカに生まれていれば、本当に首相や大統領になったかもしれない男が、日本に生まれたために死ななければならないのだ。龍馬は悲しかったはずだ。そして、日本をアメリカのような国にするために、〝オトメ＝ギルル〟を覚えようとしたのだ。

長次郎や龍馬の後輩になるボクらが、「ＴＯＥＩＣの点を楽にかせぐ方法」だの「気がついたら英語がペラペラ」だのという宣伝文句に踊らされ、右往左往してどうする。挙げ句の果てに、コツコツ頑張って実力をつけた隣国の若者たちに無意味なコンプレックスを抱くなど、あまりに情けない。

ボクにとって〝大和魂〟の核心はふたつだ。

大陸から物理的に切り離された島国の人間だからこそ、心は世界に向かって開いているということ。つまり、どこの国のものでも「いいものはいい」と受け入れ、子どものように学べること。

もうひとつは、派手な結果は出なくても、まじめにコツコツ努力できる勤勉さだ。ボクは左翼的な人間だが、大和魂の強さでは誰にも負けない。

だから、今日も「オトメギルル、オトメギルル」と唱えながら、英文を読むのだ。

最後に、この本を作るきっかけを与えてくれたブレイン・コミュニケーションズの梅本覇留氏と、本を作るお手伝いをしてくれた湘南バーベキュークラブの村上隆保氏には、この場を借りてお礼申しあげます。

Thank you very much!

平成23年1月　都内の6畳一間にて

菊池健彦

プロフィール
菊池健彦（TAKEHIKO KIKUCHI）

1959年4月11日生まれ。青森県出身。
大学卒業後、
洋書専門店の営業マンとなるが、
厳しいノルマを達成できず、
精神的に追い詰められて34歳で退社。
その後、引きこもり生活に入るが、
何もすることがないので
独学で英語の勉強を始める。
しかし、7年後に貯金が底をついて
引きこもり生活に終止符を打つ。
社会復帰して初めて受けた
TOEICで970点をマーク。以後、
990点満点を24回記録（2010年12月現在）した
驚異のイングリッシュ・モンスター。
渡航経験なし。もちろん独身。
趣味はリストウェイト、
アンクルウェイトをつけて歩くこと。

装丁　中城デザイン事務所
撮影　五十嵐和博
編集協力　湘南バーベキュークラブ

イングリッシュ・モンスターの
最強英語術

2011年1月31日 第1刷発行
2011年3月13日 第4刷発行

著者／菊池健彦
発行者／舘 孝太郎
発行所／株式会社 集英社
〒101-8050 東京都千代田区一ツ橋 2-5-10

編集部：03-3230-6068
販売部：03-3230-6393
読者係：03-3230-6080

印刷所 大日本印刷株式会社
製本所 ナショナル製本協同組合

ISBN 978-4-08-786001-6